JN200676

教育実践学

実践を支える理論

教育実践学会【編】

大学教育出版

教育実践学会創立20周年を祝して

教育実践学会名誉会長　小原　芳明

（玉川大学 学長）

　教育実践学会が創立20周年を迎えました。この会は、教育の理論と実践を通じて教員研修のさらなる深化を目的としています。社会の高学歴化も影響しているのでしょうが、学校教育の目的と目標に寄せる期待に変化が起きています。当然、教員の質への期待も高まってきています。それはさらに、大学での教員養成の質向上へと繋がる課題でもあります。

　現在も社会は9年間の義務教育の機会を提供していますが、そのことが定められた時代から、現代社会は大きく変化しています。大卒人口が中卒人口を上回るようになって10年ほど経っていますし、それが高卒人口と逆転するのももう間もなくでしょう。それほどに社会は高学歴化しています。その一方で、9年間の教育では、学校教育法が定める小学校の目標（第30条第2項）すら達成できる時代とは言いがたいのも事実です。それだけ時代は高度知識社会となっているのです。

　しかし、ここに3つの疑問が生じます。

（1）大学はそうした社会の変化を反映することなく、1947（昭和22）年の教育枠組みのまま養成が行われているのではないだろうか。

（2）その背景には「社会は流行するが、教育は不易」といった思考枠組みがあるのではないか。

（3）社会の変化にともなって学校現場は変化しているが、養成はどこまで変化しているのだろうか。

　企業の「量から質へ」の変化を受けてか、学校や大学も教育の質保証や品質改善活動が求められる時代に入ってきました。その手段としてPDCAの導

入が主張されています。しかし、それは現場ごとで養成することが前提と
なっています。

　それに対して、理論をP、実践をDとした上で、Check ではなく Study、
すなわち「調査研究」を行うことも考えられます。社会は質の高い学校教育
を求めていますが、そのためには期待に応えることができる資質と能力が教
員に備わっていなければなりません。そしてそこには、学生たちが社会の期
待を知り、それに資する能力にまで質を高めることが必要となります。

　理論と実践を往還することの重要性は普遍的ですが、それを具体的に進め
るには大学と現場が協議（研究）していかなければなりません。この会はそ
うした活動へ資することを目的としています。どの時代にも教育の質保証と
改善は求められることです。これからもこの会が貢献できることを願ってい
ます。

学会創立20周年記念出版にあたって

　教育実践学会が発足した年は1995（平成7）年であり、20年を迎えるにあたって、これまでの学会における研究活動の成果と、これからの学会研究活動の方向性を明確に示していくことの一環として、本書『教育実践学―実践を支える理論―』を刊行するに至った。まさに本学会の20年を節目として、これまでの研究と実践の到達点が示されているとともに、そこから今後の理論的、実践的課題を発展的に捉えることができた大きな成果物といえるのである。

　本書はこれからの教育において理論と実践の往還を進め、教育実践学の構築に貢献できるものと思っている。本書が学校教育にたずさわっている多くの先生方に一読されることを願っている。

　刊行にあたって、ご執筆いただいた会員の先生方、大学教育出版の方々には多大なご尽力をいただいた。心より感謝したい。

2017年10月

教育実践学会会長　森山　賢一

教育実践学
—— 実践を支える理論 ——

目　次

教育実践学
——実践を支える理論——

教育実践学
―理論と実践の統合―

1. 教育実践学と教師教育学

　近年、特に教育における理論と実践の関係について、理論と実践の統合である、あるいは理論と実践の往還であるといった方向で多くの議論がなされている。

　世界的にも我が国においても、教育学の学問分野で「教師教育学」という研究領域が明確に位置づけられるようになった。

　我が国においては、教師教育学の領域を教員養成、教員採用、教員研修という3つの領域を中心として研究される学問として、日本教師教育学会を中心に目覚ましい研究成果が世に示されている。また、海外に目を向ければ、教師教育学の領域として教員養成、教員研修、教師教育者の専門性開発の3領域を中心として、研究が大きく進展している状況にある。このような教師教育学の研究の発展もあって、まさに教育における理論と実践の関係についての議論は、大きくクローズアップされていることも事実であろう。

　またもう少し具体的にみれば、教員の資質能力について議論するときは、「実践的指導力」といった語が頻繁に使われている。

　この語が全面的に使われることになった契機は、1986（昭和61）年4月に

出された臨時教育審議会第二次答申の中の「教員の資質能力の向上」が示された箇所である。

この「教員の資質能力向上」において、大学における教員養成では「実践的指導力の基礎の修得」、さらに、現職教員の研修では「実践的指導力の向上」に重点をおくことが述べられ、現職研修のなかでもとりわけ初任者研修においては「実践的指導力」が中心的に示されている経緯がある。

教育実践学会においては、本学会の目的に「本会は教育の理論との結合をめざすことによって、実践に関する研究水準の向上に努め、本格的な教育研究の推進と教員研修の深化を図ることを目的とする」と明記している。

初代学会長である高久清吉博士（筑波大学名誉教授、茨城大学名誉教授）は、学会の設立にあたり本学会の目的として、教育の理論と実践の結合をめざすことを学会会則第２条に位置づけたのである。そのことに関わって、高久清吉博士は実践的指導力についても言及している。「実践的指導力」の意味を広げ、当然、これを養う方途を広げることを私が主張するのは、もし、この「実践的指導力」が狭く方法・技術面での実務的な指導力とだけ理解されると、場合によっては、そのような指導力は指導力として十分に作用することができないという結果、また、教師を本当にスケールの大きい教師として育てることにはならないという結果にもなりかねない危険性を宿しているからである。例えば、若いときから方法・技術上のマニュアルや処方せんを与えること、または求めるだけに傾きすぎるようになると、そこからは本当の教育力も生まれないし、本当の一人前の教師も育たないからである。このように、「実践的指導力」という語を引き合いに、実践と理論の関係について深い考察を行っている。

ただし、このような方向性に基づいて実際に進めていくには「言うはやすく行うはかたし」であるとも述べている。

しかしながらその道筋として、教育学研究者側においては教育を実践する歩みを支えて方向づけることができるように、もっと実践に近い理論を構成し提示することの必要性について言及している。このことは、「哲学のある

教育実践」をめざすという、長年、高久清吉博士が、教育実践との結びつきとヘルバルト研究という両輪をご自身の教育学研究として進めてこられたことからの考察に基づいているといえよう。以下にその根本的土台となった「理論と実践との統合関係からみた教育学」について、高久清吉博士の研究からまとめてみたい。

2．理論と実践との統合関係からみた教育学

　高久清吉博士によれば、理論と実践との関係からみた教育学教育の遅れは、その教育様式の欠陥だけに由来するものではなく、その原因をさかのぼると、根源的なものとして教育学そのものの在り方に突き当たるという。まさにこれまでの教育学そのものが、教育の理論と実践との統合という基本的、根本的課題に対して真正面から言及してこなかったということができる。

　そこで高久はドイツ教育学に即して、理論と実践との関係からみた教育学について３つの方向に大別して説明している。

　一つは、1920年代から展開された「理論的教育科学」の立場を挙げている。この立場は、教育の目的や価値とはなんの関わりもなく、教育事象そのものを客観的に記述して、解明することにより、現実とその法則の認識をめざしているものである。ここでは教育の実践からは意識的に明確に切り離されるのである。

　二つは、「規範的教育学」の立場である。この規範的教育学と呼ばれる立場は、先に述べた理論的教育科学とは正反対に位置し、教育の究極目的や先験的な価値原理を規定する、いわゆる「実践の原理学」が本来の教育学であるとするものである。

　このような立場によれば、実践の解明そのものではなく、目的や規範の哲学的な考察が教育学の中心的なものであるとされるので、理論と実践との間の相互関係そのものは検討の対象となりえないのである。

　三つには、「精神的科学的教育学」の立場である。これまで述べてきた「理論的教育科学」「規範的教育学」の立場とは異なり、ここでは、理論と実践とはもともと結び合っているものとみなされる。

　つまり、実践から切り離された純粋な理論そのものも、理論から切り離された実践そのものもありえないといえる。あるのは、いつでも理論と実践とがしっかりと融け合ったものである。したがって、精神科学的教育学においては、その理論構成にあたり、規範や原理から出発することはなく、まさに教育現実の分析から出発するものである。これらのことについて、ドイツの教育学者ヴェーニガー（E. Weniger）は、理論は実践行動の前に何を考慮すべきかの指示を与えることはできるが、実際に何をいかになすべきかについての直接的な指示は何一つ与えないと言及している。

　さらに高久は、ロート（H. Roth）の以下のような主張を引き合いに出し、実践とより深くより広く結び合うところに教育学の学問としての基本的な性格を認めようとする考え方を示している。

> 　学問としての教育学は実践とかかわり合うことを余計な負担とし、例外的なものとみなすような立場を決してとらない。いや、それどころか、現代世界における学問化の増大の傾向は、各学問をして、その影響下にある実践とますますはっきりと対決させるようになっている。……したがって、教育科学は「実践の理論」であるか、さもなければ、何もすることのないひまなものであるかのどちらかになるだろう。

　一方、高久はクラフキー（W. Klafki）による教育科学を実践の理論とする総括的な定義を踏まえて、以下のような重要な見解を示している。

> 　注意したいのは「実践」の意味をより広いものとして理解することである。実践の意味を生徒に働きかける教師の直接的な行動や処置というように狭くとるならば、教育科学を「実践の理論」と定義することに対して、これはこの学問の対象領域をあまりにも狭く取りすぎるとの非難が出てくるのは当然である。教育科学の研究対象としての教育実践という概念は、教師の直接的な教育行動の背景や諸条件に及ぶ包括的、多面的なものと理解されなければならない。

　今後、理論と実践の関係について、議論においてしっかりと検討することが必要な点である。

3．教育における「理論と実践の往還」と教育的タクト
―教師の資質能力と教育的タクトに関わって―

（1）養成段階における実践的指導力

　近年、教員養成段階において、学校インターンシップや学校ボランティア活動の推進などの教育実践、学校現場を重視して養成を行うことの必要性が強調されている。

　2012（平成24）年8月28日の中央教育審議会答申「教職生活の全体を通じた教員の資質能力の総合的な向上方策について」では、これからの教員に求められる資質能力について次の2つが示された。

　　これからの社会で求められる人材像を踏まえた教育の展開、学校現場の諸課題への対応を図るためには、社会からの尊敬・信頼を受ける教員、思考力・判断力・表現力等を育成する実践的指導力を有する教員、困難な課題に同僚と協働し、地域と連携して対応する教員が必要である[1]。（下線筆者）

　　また、教職生活全体を通じて、実践的指導力等を高めるとともに、社会の急速な進展の中で、知識・技能の絶えざる刷新が必要であることから、教員が探究力を持ち、学び続ける存在であることが不可欠である（「学び続ける教員像」の確立）[1]。（下線筆者）

　さらに、2015（平成27）年12月21日の中央教育審議会答申「これからの学校教育を担う教員の資質能力の向上について〜学び合い、高め合う教員育成コミュニティの構築に向けて〜」においては、次のように言及されている。

　　教職課程の学生が学校や教職についての深い理解や意欲を持たないまま安易に教員免許状を取得し、教員として採用されているとの指摘もある。教員養成課

程を有する大学・学部の附属学校を積極的に活用するなど、<u>実践的指導力の基礎の育成に資するとともに教職課程の学生に自らの教員としての適性を考えさせるための機会として、学校現場や教職を体験させる機会を充実させることが</u>必要である。

その際、附属学校については、地域のモデル校や大学における教育研究への協力といった役割だけでなく、例えば、教職大学院等と連携し、都道府県教育委員会との人事交流を活用して、附属学校の特色を生かし、教育実習校としてのみならず教員研修学校としての役割も拡大強化することも併せて検討する必要がある[2]。（下線筆者）

ここでは、養成段階で実践的指導力の基礎を養うとし、教員養成段階においては教員となる際の最低限の基礎的・基本的な学修を行うことによる新しい教員養成の方向性が示されている。

現在、教員養成における教員の資質能力の向上が問題とされる場合「実践的指導力」という語がまさにキーワードであり、これらの一連の教員の資質能力にかかる実践的指導力をわれわれ教員養成サイドとしての大学はどのように捉え、その養成にどのような形で取り組んでいけばよいのであろうか。

当然のことながら、教員養成において教育の理論と実践の往還の方向性はこれまで以上に充実の方向が示されなければならないが、そもそも、養成段階である大学教育において、教育学すなわち、教育理論を学ぶ意味はどこにあるのであろうか。

このことは、教員養成においてその教育理論と教育実践の関係や位置づけが、ある意味で明確ではなく、それどころかその時のその時の状況によって大きく振り子のように左右に振れていて、教員養成段階での指導や実際の取り組みでの困難さを生じている。

ここでは、これまでの近代教育の歩みの中で教師の最も重要な資質のひとつと示されてきた「教育的タクト（Pädagogischer Takt）」の概念について取り上げ、理論と実践の往還の意味から考察してみたい。

（2）タクトという語の意味と概念

　タクト（takt, Takt）の語源は、ラテン語の名詞であるtactusという語に由来する。ここでのもともとの意味は、接触、触覚、触診と理解されていた。また一般的には、音楽の用語として、指揮棒、拍子、節といった意味で使用されており、実際にはヨーロッパにおいて10世紀以来、このタクトの語が音楽分野での秩序原理として、拍子をとる意味で使用されていたといわれている。

　このようにもともと音楽分野で使用されてきたタクトの語が、人間関係の分野において転用されるようになった契機は、ムート（Jakob Muth, 1927 - 1992）によれば、フランスのヴォルテール（Voltaire, 1694 - 1778）が18世紀後半のフランス語圏において、上流社会での礼儀にかなった振る舞いの意味、すなわち交際用語として用いたことのようである。

　このことは、我が国の代表的な『独和辞典』（富山芳正、郁文堂、1987年）においてもタクト（Takt）を「拍子」と訳す以外に「（相手を傷つけまいとする）繊細な感情、思いやり、礼を失すまいとする気持ち」と訳され、2つの訳が示されているわけである。まさにタクトの意味は、人間関係そのものを示すもの、具体的には人間同士の関わりにおいて、相手の考えや感情を的確に読み取り、その状況に応じて、臨機応変に振る舞うという意味として捉えることができるのである。

　このような流れの中で、19世紀に入り、教育における理論と実践との関係、もう少し明確にいうならば、教育における理論と実践の結びつきについて理論的に言及するなかで、教師の資質向上の中核にタクトの概念を導入したのが教育学の祖として知られるヘルバルト（Herbart, J. F.,　1776 - 1841）である。

　以下に、教育における理論と実践の結びつきに関わって、ヘルバルトの教育的タクト論を中心に述べてみたい。

（3）教育における理論と実践の結合関係からみたヘルバルトのタクト論

　ヘルバルトは27歳の1802年には、ゲッチンゲン大学において学位を取得し、この学位取得と同時に、同大学で哲学と教育学の教授資格を取得している。

この年に始まったゲッチンゲン大学においての『最初の教育学講義』の中心的テーマは、ヘルバルトが大学の教授資格取得の審査の際に掲げたテーマ（哲学、及び教育学に関するテーマを12項目挙げて論じている）の一つであった「教育の技術は経験だけに基づくものではない」というテーマによる主張であった。

ヘルバルトはこの最初の講義のなかで、まず初めに学問としての教育学padagogik als Wissenschaftと教育の技術kunst der Ergiehungとを明確に区別して、この2つの関係について次のように言及している。

> これが私の結論なのであるが、技術への準備は学問によって行われるものである。この準備とは仕事に従事する以前の悟性と心情の準備である。われわれが仕事に従事する中でだけ得ることができる経験は、このような準備が行われることによって何よりもまず、われわれにとって教訓的となるのである。行為そのもののなかでだけ技術は学ばれるし、タクトや熟練や敏速さや器用さが身に付けられるのである。しかし、行為そのもののなかで技術を学ぶのは、前もって、思考により学問を学んで、これを自分のものとし、これによって自身の情調を整え、そのようにして経験が彼の心に弾みをつけるはずの将来の印象をあらかじめ規定することのできるような人間だけに限られるのである[3]。

ここでの準備の中心的存在となるのが、教師の望ましい「タクト」を形成することなのである。

ヘルバルトはここで初めて教師の資質として「タクト」の概念を導入したわけであるが、そもそもヘルバルトは一貫して教育作用を意図的、計画的な精神形成の働きとして捉えており、ここでは教育理論と実践との関係についても当然に一貫して理論優先の立場をとっている。

その教育理論を明確に実践に関係づけるものとして、教育的タクトという概念を位置づけたのである。このタクトについて、ヘルバルトは『最初の教育学講義』の中で次のように明快に述べている。

> 理論と実践との間に一つの中項、すなわち、確かなタクトが割り込んでくる。タクトはすばやい判断と決定であるが、それは慣行のようにいつでも変わるこ

となく一様に行われるものではない。しかし、また、少なくとも、完成された理論がそうであるべきはずのように、厳密な首尾一貫性を保ち、法則について完全に思慮しながら、同時に、個々特殊の場面の真の要求に徹頭徹尾、応じることを誇りとするまでにはいかない[4]。

このような意味において、タクトは教育における理論と実践との間の中項となり、この両者を結びつけるのである。

　ヘルバルトはまた、次のようにも述べている。

　　タクトが実践の直接の統治者になるべきだということである。もしこの統治者が、同時に、正当とみなされる理論のほんとうに従順なしもべとなるから、それこそ疑いもなくけっこうである。だれかがよい教師になるか、それとも悪い教師になるかどうかを左右する大問題はただ一つ、それは、彼において、このタクトがどのように形成されるか、つまり、学問がその普遍性を持って表明する法則に忠実に形成されるか、それとも、不忠実にされるかどうかとういうことである[5]。

　このタクトはわれわれのなかで、どのように形成、確立されていくのであろうか。まさにタクトは実践経験の中で、初めて形成されていくのであり、われわれの実践のなかで得られる経験が、自身の感情へと働きかけることによって形成され洗練されていくのである。

　しかしながら、このタクトの形成が最も適切に行われるのは、教育実践にたずさわる以前に、思慮により、反省により、探究により、正しい学問または理論によってわれわれの心情の準備がなされている時だけに限られるのである。このことをヘルバルトは以下のように述べている。

　　タクトは実践にたずさわっている間に初めて作り上げられる。すなわち、タクトは、われわれが実践の中で経験するものがわれわれの感情へと働きかけることによって作り上げられる。この影響はわれわれ自身の感情状態の違いに応じてそれぞれに違ったものとなる。このような感情状態に対し、われわれは思慮を通して働きかけるべきであるし、また働きかけることができる。この思慮が教育の仕事にたずさわる以前にわれわれの情調を整え、支配するかどうか、ま

たどのように整え、支配するかどうか……それはこの思慮の正しさや重さ、われわれがこの思慮に専心する関心と道徳的熱意のいかんにかかわっている。いいかえれば、思慮により、反省や探究により学問によって教師は準備を整えるべきである[6]。

（4）教育の理論と実践の関係様式の明確化に向けて

　近年、周知のように教員養成においては、教育現場での体験が非常に重視されており、教育実習の長期化、インターンシップなどの単位化、早い時期からの教育実習の導入などが進められている。これらの方向性はまさに教員養成における「理論と実践の往還・統合」の一つの重要な鍵として意味を持つものであるが、そこでの教育学、教育の理論は教育実践とどのように関わり、教員の資質能力の形成、向上に対して、いかなる形で影響を与えているのかがさらに深く議論されなければならない。

　教育における理論と実践の結合や必要性については、昔から繰り返し強調されていて今日に至っているわけであるが、やはり、この両者の関係の在り方そのものが、十分吟味される必要を切に感じる。突き詰めていけば、教育の実践家はなんのために教育の理論を学ぶのかという議論にもつながっていくであろう。

　ここで取り上げたヘルバルトのタクト論は、理論と実践との関係様式からみれば実践家としての教師の理論的なものの見方、考え方、感じ方そのものを確立し、ここから理にかなった実践を引き起こそうとする構図なのである。それは、先ほど述べたように理論と実践との間のタクト、中項によって両者が結合しようとするものである。そうすることで、実践は理論が示す筋道に沿って進められることになる。まさに、タクトの存在が重要なものとして示されるわけである。タクトとは、「臨機の力」であり、教育実践の中で当面するさまざまな問題について即座の判断を行う力である。

　これまで述べてきたように、教師の資質能力の向上を考えるためには教育の理論と実践の関わり合い、結びつきについてのさらに深い吟味が必要であ

ると言わなければならない。このような意味において、ヘルバルトのタクト論の現代的意義は示唆に富んでいると思われる。

【注】

1）中央教育審議会「教職生活の全体を通じた教員の資質能力の総合的な向上方策について」（答申）平成24年8月28日。

2）中央教育審議会「これからの学校教育を担う教員の資質能力の向上について〜学び合い、高め合う教員育成コミュニティの構築に向けて〜」（答申）平成27年12月21日。

3）Johann Friedrich Herbart, Pädagogische Schriften Hrsg., O. Willmann, Th. Fritzsch Bd. 1, 1913. S. 124.

4）Ebd. S. 122.

5）Ebd. S. 123.

6）Ebd. S. 123.

第2章

教育実践と教師

1. 教師像の変遷

(1)「教育の全体は教師」

　実際の学校教育において直接的に児童・生徒に関わるのは教師である。この教育学の要である「教師」については、昔から「教師論」「教師観」といった分野として、教育思想家や教育学者、教育実践者である教師自身によって深く言及されてきた。

　学校教育における教師の役割は非常に大きいものがある。成城小学校を設立し、校長に就任した沢柳政太郎（1865〜1927）は、このことを代表的著作『教師論』の中で「教育の全体は教師である」と述べている。つまり教育の成否はそこに直接携わる教師そのものによって決定されるといえる。「教育は人なり」といわれるが、現在の学校教育においても、教員の価値と果たすべき役割は大きい。近年の中央教育審議会答申等においても、教員の資質向上、実践的指導力の向上が強調され、今後の学校教育を展望して期待される教師像が示されている。

　現在、教師に期待されているもの、求められているもの、教師の要件とはいったいどのようなものであろうか。このことを考える前に教師の歴史につ

いて教師像の変遷をもとに見てみることとしたい。

（2）近代以前の教師像

　江戸時代、特に享保以降に庶民の子弟や子女を対象に、初等教育施設として普及した寺子屋は、初歩的、実用的な知識や技術の伝授に大きな役割を果たしたのであるが、ここでの師匠は僧侶や武士、神官などであり、これらの人々の教師像は社会的に権威があり、尊敬された人物であったといわれる。

　中世ヨーロッパにおいても我が国においても、一般的に僧職にある者が教育者として携わることが多かったこともあり、教師の仕事は「聖職」であり「献身的」といった考え方が強かったようである。このことは、我が国の教師像の変遷に流れており、現代の教師像にも影響しているといえる。

（3）近代教授法の確立と教師像

　我が国においては1872（明治5）年に学制が発布されたが、これは明治新政府の断行した開明政策の重要な一環であった。ここでは功利主義的、立身出世主義的な学問観と教育における四民平等の立場が貫かれているのであるが、まず文部省においては小学校の設置に全力を傾注し、さらにその小学校において教育を行う教師を養成することが急務とされた。1872年の5月に東京に師範学校を設けることになり、設立趣意書及び規則書を各府県に布告し、生徒の募集に着手したのである。我々はここに我が国の近代的教師教育のさきがけをみることができるのである。

　このようにして寺子屋から近代学校への転回がなされ、個人的・個別的教授から、一斉教授法へと一大転換が図られたのであるから、これらの新しい教授法を理解した教師が必要不可欠だったのである。これが近代的教職に携わる近代的職業人としての教師の出現である。この時代の具体的な教師像としては、1886（明治19）年の勅令「師範学校令」を起草した初代文部大臣、森有礼の提唱した「順良、信愛、威重」の気質が有名である。ここでは、「師範タイプ」の教師像が色濃く映し出されたのである。

（4）第二次世界大戦直後から今日までの教師像

　1945（昭和20）年8月15日の第二次世界大戦の終結と共に、我が国はアメリカ軍の占領下となった。ここでは連合国軍最高司令官総司令部（GHQ）の民間情報教育局（CIE）の指導の下で、全面的な教育改革が行われた。教師たちは当時の文部省の指導下で、これまで使用されてきた国定教科書の記述内容のうち、軍国主義、国家主義的な内容について児童に墨を塗らせたのである。いわゆる歴史上有名な「墨ぬり教科書」である。また、師範学校は廃止され、教育制度は六・三・三制の誕生をみた。さらにすべての教員養成機関が大学に昇格され、1949（昭和24）年には「教育職員免許法」が制定をみた。このようにして我が国においては、戦後に教職の専門性が確立されていったのである。終戦直後の教師観は「啓蒙タイプ」と表現されている。

　また、いま一つ戦後の教師像に大きな影響を与えたのが、民主化の進展に伴って1946（昭和21）年に誕生した日本教職員組合である。ここで教師は学校を職場とする労働者であることを提唱し、教師聖職者論に対立し、主体的教師像を明確にしたが、教育に関わる教師としての特殊性や独自性に対しては考慮されていないとの強い指摘がある。

　今日においては、知識や技能面では高い専門性を要求し、職業倫理的側面においては先に述べた「師範タイプ」の教師観に見られた立場を呈し、自主的・自立的価値を明確に打ち出している。このような折衷的特徴を持つ教師観を「特殊公務員タイプ」の教師観と呼んでいる。

（5）専門職としての教師

　教職が専門職と見られるようになったのは、ドイツの古典文献学者で教育学者である、イェーガー（W. Yeager, 1888 - 1961）によれば19世紀以降であるといわれている。

　特にこの教師が専門職（profession）として方向づけられていくのは、ILO（国際労働機関）とユネスコ（UNESCO：国際連合教育科学文化機関）の共同によって1966（昭和41）年に採択された「教員の地位に関する勧告」から

である。その内容の中心部分は次のような記述である。

　　すべての教員は専門職としての地位がかなりの程度教員自身に依存しているこ
　　とを認識し、その専門上の仕事のすべてにおいて、可能な最高の水準を達成す
　　るよう努めるものとする。

ここでは教員の社会的な地位を保障し、教職の専門性が明確に示されている
のである。

2．現代の教師に求められているもの

　これまで見てきたように、教師像は時代の変遷と共にさまざまな特徴を映
し出しているが、現代の我が国における学校教育は非常に多くの、そして困
難な問題・課題を抱えているといってよい。このただ中において教育活動の
中心的役割を担う教師はどのような資質を持たなければならないのであろう
か。現代の教育に直接的に携わる教師の要件、在り方について考えてみたい。

（1）人間性あふれる教師
　やや古い答申であるが、1996（平成8）年の中央教育審議会答申においては、
これからの学校像の重要な一点として「子供たちを、一つの物指しではなく、
多元的な多様な物指しで見、子供たち一人ひとりの良さや、可能性を見いだ
し、これを伸ばすという視点を重視する」ことを掲げている。すなわち、子
どもを「絶対的に見る、比べてみない」という見方が述べられており、ここ
では一人ひとりの子どもの「人間性」が大きく問題とされなければならない
のであって、他との比較によって考えられるものではない。その答申の中心
課題は「生きる力」の育成が基本概念であるが、この「生きる力」の一つの
大きな柱である「豊かな人間性」の育成は、「豊かな人間性を持った教師」
によって初めて可能となり得るものである。教師には温かい心、豊かな人間

性が期待される。

では、この「豊かな人間性」とはどのようなものであろうか。ここでは少し立ち入って考えてみよう。「人間性」とは、人間を人間たらしめる本質、あるいは人間の本質的諸特性の総称。だが、これまでの人間性の規定を概観してみると、そこには時代や社会に応じたさまざまな主観的・理念的要求が混在し、歴史的にも変化してきていることがわかる。たとえば本能の強調と経験・環境の強調、自然的本性の強調と人間のあるべき姿の強調、性善説や性悪説といった対立的見地が見られる。

このように考えてみると、「人間性」とは非常に捉え難いもののように思われる。高久清吉は、大きく2つの意味から成り立っていると言い、それは「感性的存在」と「精神的存在」といった「両義性、二義性」的な性格の内在であると説明しているのである。現在、教育界で、答申等をはじめとして使用される「豊かな人間性」「豊かな心」「ひろい心」は、同じ意味のものとしてつながっているとされているのである。

教師は今日の教育において現代的課題といえる「人間性豊かな子どもの育成」に関わって、なによりもまず、子どもを大きな発達可能性を持った存在として捉え、それを信じて教育に携わらなければならない。

（2）深い教育愛と使命感に満ちた教師

教師は教育愛、人間愛を持たなければならないが、ここではかけがえのない子どもたちとの出会いの大切さが重要である。子どもは教師を選べないし、教師も子どもたちを選ぶことはできない。ドイツの教育学者で、教育学体系樹立の祖として有名なヘルバルト（J. F. Herbart, 1776 - 1841）は、教師の在り方について論じている中で、「出会い（Begegnung)」について次のように述べている。

> 子どもとの出会いの音階を即座に調整することが、教師を教師として特徴づける最大の技術である。

　換言すれば、子どもとの出会いの音階をすばやく的確に上げたり、下げたりすることができる技術を教師が身につけることの重要性を示したものである。一人ひとりの子どもの個性や心情はまさに十人十色であり、音階にたとえれば、上下さまざまな高さに広く分布している子どもたちの音階に対応していくためには教師の音階も子どもの音階の高低に応じ、自由自在に調整されなければならないのである。このことが行われなければ、その教師は自分の音階と同じ高さの子どもとしか出会えないことになるのである。このことは個性尊重を掲げる今日の教育においても重要な示唆を与えているものである。

　まず子どもを真に心から理解するためには教師の豊かな感受性、柔軟性が根本問題である。さらに絶えず子どものそばにいてその立場を考え、教育者としての強い使命感を持って教育実践に携わる必要がある。

　ここで教師の「使命感」という言葉を挙げたが、これは毎日の教育実践の中で、子どもとのふれ合いを通して湧き上がる教師の使命感であるといえよう。ヘルバルトの「子どもの内に人間の諸力が損なわれないままに満ち満ちているのを見てとり、この可能性としての力を現実の力にするという使命感」という言葉は、まさにここで取り上げた使命感の姿である。

（3）「自ら学び、自ら考える」教師

　教師においては常に「自ら学び、自ら考える」ことがなければならない。そもそも自己教育、自己変革はすべての者に共通する課題である。教師は子どもの教育に直接関わる立場の職業であるから、格別この課題は重要な意味を持っているのである。

　教師と自己教育についても昔から優れた教育者、教育学者や教育思想家によって深い洞察が見られる。ヘルバルトは「子どもとともに自分自身を教育する」という200年前に寄せられた言葉とは思えない、現代性を持つ新鮮な言葉を残している。さらに、鹿児島師範学校等で教育学の教鞭をとった三浦修吾（1875‐1920）は、著書『学校教師論』の中で、「教師にとって最重要の

資格は、教師自身が絶えず進歩をしていくということである」と述べている。また、19世紀の前半から半ばのドイツにおいて、教員養成制度の拡充期に師範学校長としてドイツ教育界に多大な功績を残したディースターヴェーク（F. W. Diesterweg, 1790‐1866）は、『ドイツの教師に寄せる教授指針』の中で教師の自己教育について、「教師は、自分自身を本当に教育し、陶冶すべく自ら努力している間だけ、他人を本当に教育したり統治したりすることができるのである」といっている。

　日々の教育実践の中で、子どもに「自ら学び、自ら考える力」を育てることは、教師自身がまず「自ら学び、自ら考える」ことを実現することによって初めて意味を持つものとなるのである。

（4）学習指導の専門職としての教師

　学校教育法第37条第11項、第49条 中学校、第62条 高等学校準用規定においての教諭の職務は、「児童の教育をつかさどる」という規定があるが、具体的な職務内容については、授業及び指導計画、学級・学年経営、指導等を挙げることができる。

　ここにおいて教師として最も多くの時間、エネルギーが注がれるのは授業、特に教科教育であり、学校教育の中心的部分である。すなわち子どもから見れば、学校生活に大半を占めるのが教科の学習であるということになる。したがって、この教科の学習の時間が充実しているか否かは当然、子どもたちにとってのよりよい学校生活の実現のためにも重要な課題の一つとなる。そのために教師は、教育課程を編成し、教育の目的・目標を明確化し、その目的・目標達成のために教育内容の吟味を行い、教育計画を企てることが必要である。当然、実際に学習指導を行うには体系的で、なおかつ豊富な専門知識・技能が重要なことはいうまでもないことであるが、そのうえで「わかる授業」を展開しなければならない。ここでは教師の「授業を構成する力量」が問われることになるのである。

　ここで「わかる授業」とは2つの意味から捉えられる。高久清吉によれば、

一つは「ついていけない子どもをなくそうとする授業」、二つは「生きた学力の習得と直結するような質の高い、本物のわかり方を目指す授業」である。

　このような考察から、特に後者を「よくわかる授業」とし、これは「はっきりわかる」「深くわかる」という２つの要素から成り立つわかり方と理解されている。この「わかる」の理解に従えば、「はっきりわかる」とは授業において一連の内容の全体を１つの組み立て、つまり構造体として筋道立てて理解することであり、「構造的理解」と称されている。さらに、もう一つの「よくわかる授業」の要素である「深くわかる」とは、わかる主体、つまり子どもの内面に浸透するようなわかり方、すなわち学習内容の本質によって心の底まで揺り動かされるようなわかり方である。つまり、これは「全心的理解」と称されている。このような「わかる授業」をめざして教育方法的な検討や、教材の精選、子どもの思考体系などを深く捉え直して取り組まなければならない。

　その他にも学習指導上の課題としては、子どもの学習意欲を高める方策や、学習内容の習得と方法の習得の問題、基礎・基本の徹底など、もろもろの大きな問題が挙げられる。

（5）学級経営者としての教師

　ほとんどの学校では学級担任制がとられ、「学級」は教育のために人為的に組織されているにもかかわらず、あたかも自然のなりゆきのように存在している。したがって学校教育は「学級」という集団を単位として形成されているのであるが、近年いわゆる「授業崩壊」や「学級崩壊」の語のもとに、「学級経営」が大きな問題になっている。そのため学級自体が必要でないなどといった一方的、第三者的な見方もあるが、学校教育は集団の教育機関であり、子どもは集団の中で集団によって学習するのである。人は社会に出ても集団の中で生活を営んでいるのであり、社会集団の認識のない子どもが社会に出ていくと今度はどのようなことになるのであろうか。このように考えていけば、学級経営をすべて無視し、集団の中での学習を回避することは不

可能であるといえよう。このような観点から見れば、教師の学級経営者としての役割は、ますます大きなものとなっていくであろう。

　ドイツの教育学者ケルシェンシュタイナー（Georg Kerschensteiner, 1854 - 1932）は、学級経営者としての教師は、「絶えずクラス全体に目を配って、一人ひとりの生徒の顔色を読み取る」姿勢が重要であることを記しているが、これは現代の教師においても大切な要素である。さらに、子どもの学習の基礎的な態度や行動様式の訓練、また、子どもの生活指導も重要な仕事である。このことに関わるカウンセラーとしての教師の役割も、近年ますます重要となっている。

（6）学校・家庭・地域社会の連携推進者（コーディネーター）としての教師

　教育は学校教育の領域だけで行われるものではないことは当然であるが、これからの学校では学校・家庭・地域社会の三者の連携を図り、その中での開かれた学校づくりが重要となってくる。生涯学習社会や情報化社会の進展の中で、「開かれた学校づくり」への期待はますます強くなってきている。教師としても、学校を経営する一ステップとして、開かれた学校とはどのようなことであるのか、「内に開く」とはどのようなことかを十分認識していく必要がある。

　現在、閉鎖的な学校から柔軟性を十分に持ち、開放的な学校への転換が急速に進められている。教師一人ひとりが単に学校の施設・設備の開放に理解を示すレベルではなく、家庭、保護者との教育情報の開示、教育活動の連携や、地域住民との情報交換を通じた教育への共通理解の推進などを積極的に進めていかなければならない。

第3章

教育実践と教育思想
―近代教育思想の系譜―

1．教育思想を学ぶ

　本章では、教育実践、そして教育実践学に携わる者（教職課程の学生を含む）が教育思想、特に教育思想史を学ぶことの意義について考えたい。また後半では、我が国の教育実践にも大きな影響を与えた近代教育思想（コメニウスからヘルバルト）について改めて概観してみたい。

　のっけから恐縮だが、もう30年近く前に刊行された教育学の入門書の一節である。

　　キャンパス風景、その二。
　　同じくたまり場で、女子学生が2人、教員採用試験の勉強をしている様子。
　　A「教育の父と言われ、直観・労作などを唱えたスイスの人、だーれだ」
　　B「ペスタロッチィ」
　　A「ピンポーン。じゃあ次。公民教育論と作業教育論を主張したドイツの人ォ」
　　B「うーん、ヘルバルトォ」
　　A「ブ、ブー。ケルシェンシャタイナーどぇーす」[1)]

　教育思想（史）の学習が単なる暗記物に堕している状況をよく（？）描いているように思われる。似た風景は、今日でも見られるかもしれない。

　本書は「教育実践と○○」ということで、教育学の各領域を専門とする執筆者が各章を担当しているのだが、目次を見ると、やはり本章がいわゆる現場での教育実践とは一番距離がありそうだとの印象を受けるだろう。ちなみに現在の教職課程においては、教育思想は、教育職員免許法施行規則が規定する「教育の基礎理論に関する科目」に置かれる「教育の理念並びに教育に関する歴史及び思想」を含む科目（「教育原理」「教育基礎論」等）で講じられている。筆者の勤務校でも、教育基礎論2単位分のうち数回を教育思想の歴史に充てている。「教育の基礎理論」ということで、教職課程の諸科目の中でも早い段階で、初学者対象に開講している大学が多いのではないかと推測される。

　教育思想を、ここでは、いわゆる教育思想史の書物に名前が出てくるような著名な教育思想家の思想、と解しておくが、過去の（それも、多くは外国の）教育思想（史）を学ぶことの意義はどこにあるのだろうか。例えば、今手元にある教育思想史のテキストには、以下のように書かれている。

　　過去に目を向けると、①自分たちが当たり前だと思っているのとずいぶん違った教育についてのものの見方・考え方があったこと、したがって自分たちの土俵が可能な教育思想のすべてではないことに、気づかされるだろう。また、②教育思想の展開を追うことで、現在の自分たちの教育思想が歴史の中で形成されたものであり、したがって今後変化していく可能性があることにも気づかされるだろう。この本は、読者をこの2つの意味で外部の経験へといざなうことをめざしている[2]。

　筆者はもう少し素朴に、教育思想史を学ぶことの意義について、①現在の教育問題を分析し解決するためのヒントや示唆を求める、②現在の教育問題の淵源を求める、③現在の教育を相対化する視点を得る、の3点にまとめて学生に話したことがある。この分類からいうと、上のテキストの視点は特に③の意義についてより詳細に述べてくれており、筆者としても大変学ぶところの多い書物である。②については、例えば1990年代末からの学力低下論争の際にいわゆる「ゆとり教育」論の元凶としてルソーやデューイの教育思想

がやり玉に挙げられたことを例として挙げよう。一方①については、上のテキストもいうように、我々はどこまでも現在という「時代の子」であり、そこでの教育問題について思想史に安易にヒントや示唆を求めるべきではない、と一般には考えられている。「歴史上の思想の解釈にあたって現代の課題を性急に読み込もうとする恣意的な方法論的枠組」[3] との批判的な言辞があることを筆者も承知している。が、その上でなお、過去の思想にヒントや示唆を得ようとする、あるいはお墨付きを得ようとする、先述の①の試みがもっとあってもよいのではないか、とも思っているのである。

　もちろん、これまでもそうした試みがなされてこなかったわけではない。例えば、戦後の我が国における西洋教育史研究をリードした梅根悟氏は、戦後新教育における指導者（コア・カリキュラム連盟副会長、日本生活教育連盟委員長、さらには日本教職員組合教育制度検討委員会委員長）としても大きな足跡を残した。後に氏の「生活教育運動の理論シリーズ」として出版された『梅根悟教育著作選集』[4] に収められることになる諸著作（特に『生活学校の理論』『コア・カリキュラム』『問題解決学習』など）を見ると、戦後間もない頃の梅根氏が欧米の教育思想（特にデューイ）や実践に多くを学び、かつそれらを理論的にも実践的にも乗り越えようと苦闘した軌跡を知ることができる。

　また近年でも、宮寺晃夫氏も指摘する[5] ように、例えば杉浦美朗氏[6] や市村尚久氏[7] のデューイ研究や翻訳の仕事は、体験学習や総合的な学習の時間の理論的な根拠を与えようとするものであったといえるし、また佐藤学氏は自身の「学びの共同体」論における「協同的学び」をヴィゴツキーの「発達の最近接領域」の理論とともにデューイのコミュニケーション理論に基づくものであるとしている[8]。また筆者も、デューイの『経験と教育』の論点を整理しながら、総合的な学習や近年の授業研究のある種の動向について批判的に論評したことがある[9]。

2. プラトン『メノン』を読む

　本節では、思想史に関わる背景（社会、経済、政治史的背景）をとりあえず捨象して、純粋に論理として、あるいは議論の型として学ぶ読み方の例を示す。取り上げるのはプラトンの『メノン』に描かれたソクラテスの議論である。

　教育思想史においてソクラテスは、倫理学の創始者として、すなわち、「善く生きるとはどういうことか」を初めて問題にした人物として取り上げられることが多い。それでは、「善く生きる」とは何か。「善さ」「徳」「正義」といった人生の重大事について、己の無知を自覚しつつ（「無知の知」）これを不断に問い続けること、これがソクラテスの答えであった。プラトンは『ソクラテスの弁明』で、他の多くの人から「知恵のある」と思われている（本人もそう思っている）人物と問答したソクラテスの言葉を伝えている。

　　　この人間より、私は知恵がある。なぜなら、この男もわたしも、おそらく善美のことがらは、何も知らないらしいけれども、この男は、知らないのに、何か知っているように思っているが、わたしは、知らないから、このとおりに、また知らないと思っている。だから、つまりこのちょっとしたことで、わたしのほうが知恵があることになるらしい[10]。

　ソクラテスは「わたしは彼に、君は知恵があると思っているけれども、そうではないのだということを、はっきり分からせてやろうと努め」[11]たのだが、この働きかけが「魂の助産術」とも呼ばれる「問答法」として知られている。ここでは、この問答法が「論破」と「助産」の2つの段階から成り立っていることに注意したい。第一段階として、対話において相手の矛盾を指摘する「論破」によって相手を無知の知に至らしめる。そして第二段階が助産なのであるが、その見事な具体例がプラトンの『メノン』に描かれている。ここでソクラテスは、「徳」とは何かをめぐって対話をしていた相手の

メノンが持ち出した議論を以下のように整理した(「メノンのパラドックス」)。

　　　人間は、自分が知っているものも知らないものも、これを探究することはで
　　きない。というのは、まず、知っているものを探究するということはありえな
　　いだろう。なぜなら、知っているのだし、ひいてはその人には探究の必要が
　　まったくないわけだから。また、知らないものを探究するということもありえ
　　ないだろう。なぜならその場合は、何を探究すべきかということも知らないは
　　ずだから[12]。

　このパラドックスを、ソクラテスは「想起説」によって打ち破ろうとした。
すなわち、不死なる魂はすでにすべてのことを知っているので、実は教える
とか学習するということはあり得ず、あるのはただ「想起」だけである、と
いうのである。そして、メノンの求めに応じて、メノンの召使いの少年を相
手に、実際に「想起」をさせている。流れは以下の通りである[13]。

①　ソクラテスは地面に正方形ABCDを描く。4つの線の長さは等しく、
　　いずれも2プゥスであることを確認する。
②　辺BCとDAの中点を結ぶ直線GEを引いてみると、長方形ABGEの面
　　積は2平方プゥスである。正方形ABCDの面積を問い、その2倍の4平
　　方プゥスであるとの解答を召使いの少年から引き出す。
③　この正方形の2倍の大きさの正方
　　形の面積を問い、8平方プゥスであ
　　るとの解答を引き出す。
④　その正方形の一辺の長さを問い、
　　正方形ABCDの2倍の長さ（＝4
　　プゥス）であるとの解答を引き出す。
⑤　正方形ABCDの辺ABを2倍に延
　　長してAKとし、これを一辺とする
　　正方形AKLMを描く。ここには正

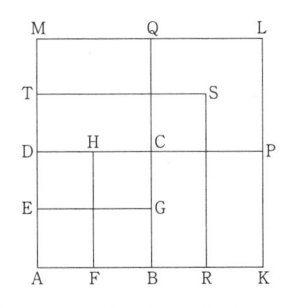

（プラトン（藤沢令夫訳）『メノン』
　岩波文庫、1994年、p.54）

方形ABCDと同じ正方形が4つ含ま
れ、面積も4倍の16平方プゥスで
あることを確認する。

⑥　面積8平方プゥスの正方形の一辺
の長さは、ABより長く、AKより
は短いことを確認した上で、その長
さを問う。召使は3プゥスであると
答えるが、そうすると一辺3プゥス
の正方形の面積は9平方プゥスに

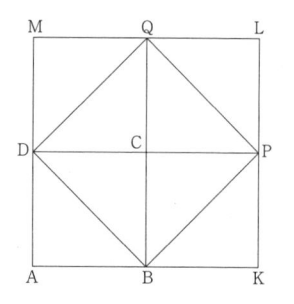

（プラトン（藤沢令夫訳）『メノン』
岩波文庫、1994年、 p.62）

なってしまうことを指摘してやる（ここまでが、論破の段階である）。

⑦　正方形AKLMを確認し、KLの中点をP、LMの中点をQとすると、面
積16平方プゥスの正方形AKLMには、ABCDと同じ面積の正方形が4
つ（ABCD、BKPC、CPLQ、DCQM）含まれていることを確認する。

⑧　正方形ABCDに対角線BDを引いてみると、ABCDの面積を二分する
ことを確認する。同様に対角線BP、PQ、QDが引けることを確認する。

⑨　正方形DBPQの面積を問うが、召使いは答えられない。

⑩　対角線BD、BP、PQ、QDがそれぞれ元の正方形の面積を半分に切り
取っていることを確認する。

⑪　正方形DBPQは正方形ABCDを二分した三角形（三角形という言葉は
使っていないが）4つから成っていることを確認する。

⑫　元の正方形ABCDはこの三角形2つ分の面積であること、つまり三角
形2つ分の面積は4平方プゥスであることを確認する。この三角形4つ
からなる正方形DBPQの面積を問い、8平方プゥスであるとの解答を引
き出す。最後に、8平方プゥスの面積の正方形の辺がDBであることを
確認する。

以上のやり取りについて、佐藤学氏は、「このソクラテスの説明には、教
えることの不可能性が表現されており、教える過程が学びの過程として存在

していることが示されている[14]」という。

　佐藤氏はここに「教えることの不可能性」と「学びの根源性」を読み取った。しかし筆者は、誰も教えた者はいないとはいえ、ここでのソクラテスと召使いのやり取りが、やはり召使いがそれなりのことを事前に知っていたという前提があったからこそ可能であったことに注意したいと思う。それは、いわば「学びの成立の前提条件」ともいうべきものであり、例えば以下の諸点である。

(1) 正方形は、4つの辺の長さが等しい（①）。

(2) 正方形、長方形の面積は横と縦の辺の長さを掛ければよい（②）。

(3) 2×2＝4、4×2＝8、3×3＝9　（②⑥）である。

(4) 正方形の対角線は、その面積を二分する（⑩）。

　もちろん、召使いがこうした言葉遣いをしていたわけではない。が、メノンのいうように「誰もこの子に教えた者はいない」としても、彼は何らかの経験から内容としてこのようなことはすでに知っていた、そしてその知識があってこそ初めて、ソクラテスとのやり取りは可能になった、というのが事実である。教師ソクラテスによる巧みな発問・示唆がなされたわけだが、それは、これらの知識があって初めて成果を上げたのである。すでに知られていた内容がソクラテスによる問いかけや示唆によって新たに組み合わされ、（2倍の正方形という）新しい知識となったのである。

3.「経験の改造」

　本節では、前節と共通する論理を述べている現代の議論を2つ紹介する。

　宇佐美寛氏は、「北海道では、夏もすずしく、冬は長く、きびしい寒さになります。冬のきびしい寒さやふぶきをふせぐために、どの家でもガラスまどを二重にしています」という小学校4年の社会科の教科書の記述について、以下のようにいう。すなわち、この文章を読む子どもたちは、「冬」「寒さ」

「北海道」「ガラスまど」「二重」の意味は知っているが、「ガラスまど」が「二重」になっていることは、まだ知らない。だから、「……ガラスまどを二重にしています」という言葉がわかるとは、すでに知っている「ガラスまど」と「二重」を新たに組み合わせることなのである。

> このように、ことばで「知識を与える」とは、すでに知っていることを材料とする組み換えをさせることなのである。使われる文を構成している諸部分はすでに知られている語である。これらの語の内容はすでに知られ、いわばまとめて蓄積されている。文を伝達するということは、この蓄積構造の部分を組みかえさせることである[15]。

この主張をもとに、筆者は大学の講義で、この社会科の教科書の文章をさらに簡略にし、「札幌の地下鉄はゴムタイヤで走っている」という（学生にとって新しい）「知識」がなぜ伝達されうるのか、「地下鉄（三田線）」と「（都営バスの）ゴムタイヤ」の例を使って説明してみたことがある。また、「日本は加工貿易の国なので京浜工業地帯も京葉工業地帯も工場は海沿いにある」との文が、どのような言葉（知識）の組み合わせから成り立っているのか、この文を理解するためには前提としてどのような知識が必要であるのかを考えさせたことがある。あわせて、これらの前提となる知識のある部分を隠すことで発問が作れないか、学生に検討させてみたことがある。

次に、国語の詩の授業の分析例である。藤岡信勝氏が、向山洋一氏による詩の授業（小学校3年生）について分析をした[16]。安西冬衛の「春」という短い3行の詩である。

> てふてふが一匹／韃靼海峡を／渡って行った。

向山氏の授業は以下のように進められた（カッコ内に、藤岡氏の指摘する「疑問」を書いておく）。

まず、この詩を板書する。板書が終わっても約20秒間、子どもが読もうとする様子を教師は見ている。（疑問1→なぜ教師は、板書が終わってすぐ次

の指示に進まなかったのか。)

　次に、列指名で10人の子に読ませる。「てふてふ」「韃靼海峡」は全員が読めない。(疑問2→いちばん肝心な読みをどうして先に教えないのか。)

　次に、読みたい子に読ませる。ここでようやく、「かいきょう」の読みを教える。しかし、韃靼海峡がどこなのか子どもから質問が出ても、教えない。(疑問3→なぜ教えないのか。)

　「渡って行って、どこに行ったんですか？」との質問が出るが、教師は疑問に相づちを打つだけで、やはり教えない。(疑問4→なぜ教えないのか。)

　以下は略すが、詩の授業の課題とここに見られる授業の特質を藤岡氏は以下のように説明した。

> 　子どもが詩を学習する時、レベルの異なった四つの記号に接する。①文字（字形）レベル、②音声レベル、③散文的意味のレベル、④詩的意味のレベル、の四つである。詩の授業は最終的には詩的意味を考えることをめざす[17]。

　詩の学習は①→②→③→④の順に進められるべきものだが、この授業で、はじめに、詩の板書が終わっても教師がすぐ次の指示も範読もせず、約20秒間子どもたちの様子を見ていたのは、①の文字「レベルの記号に十分ふれさせ、ひたらせ」ようとしたからである。わからないながらもなんとか読もうと文字を凝視させていたのである（これが疑問1への解答になる）。藤岡氏はいう。

> 　視覚的イメージのレベルにおいて、すでに二つのことば（「てふてふ」と「韃靼海峡」－引用者）が対比される条件が準備されているのである。(中略) 読み方をなかなか教えないでおくということが、文字記号に子どもをひたらせるという効果をもたらしているのである[18]。

　次の、2音声レベルも同様である。音読が繰り返される中で、「てふてふ」と「韃靼海峡」の対照的な読み方が印象に残されることになる。こうして字形と発音のレベルに十分に浸った後に、散文的意味、そして詩的意味の理解

の段階へと順を追って授業は進められているのである。（詳しくは藤岡氏の著書を参照されたい。ここでは触れられていないが、この詩については「話者が、このちょうを見ている位置を目玉で書き表しなさい。この詩の情景を絵にして、目玉を書き入れるのです」との有名な、同時に物議を醸した指示[19] もある。）

　先に、詩の学習は①→②→③→④の順に進められるべきものだ、と述べたが、正確には、①のレベルの経験が十分になされた後に②に進む、①を含んだ②の経験が十分になされて初めて③に進む……、という構造なのであり、（①→②）→③、そして（（①→②）→③）→④とでも書き表されるべきものである。こうした授業の一貫した方針を、藤岡氏は「マーブル型ストラテジー」と呼んだ[20]。①や②の記号に浸ることを、色違いのアメが層を成すマーブルあめをなめることにたとえたものである。いちばん外側の色の層を十分なめた上でないと次の記号の層にはたどり着けない。先行する経験（①のレベルの経験）が十分になされて初めて②の経験の意味の解釈が可能になる。これを③、④のレベルへとつなげ深めていくことを通して、この詩の詩的な意味の解釈に至らしめようとしているのである。意義ある経験のためには、それに先行する十分な経験の蓄積が必要なのである。

　先の宇佐美氏の議論は、言葉で知識を与えるためには「使われる文を構成している諸部分」が「すでに知られている語である」ことが前提として必要であることを指摘したものであり、藤岡氏の議論は、やはりあることを知り解釈するためには（言葉では表しきれない）経験の蓄積が前提として必要であることを指摘したものである、と整理することができよう。

　こうした議論を念頭に置くと、デューイの『民主主義と教育』における有名な教育の定義もそれなりのリアリティを持って理解できるのではないだろうか。

　　教育とは、経験の意味を増加させ、その後の経験の進路を方向づける能力を高めるように経験を改造ないし再組織することである[21]。

　もちろん、同書でデューイがこの定義に到達したのは、第1章「生命に必要なものとしての教育」から、その語義や教育・学校の歴史、そして子どもの発達についての心理学的知見に加え、いわゆる生活準備説や「開発としての教育」説（ヘーゲルやフレーベルの前成説）、「諸能力の訓練としての教育」説（ロックらの形式陶冶説）、さらには「精神形成としての教育」説（ヘルバルト）やヘルバルト派の開化史的段階説との対質を経てのことであり、直接の思考素材の中身はこれまでの議論とはまったく異なっている。

　同書を、特に最初の数章を近代教育思想史として読むことも可能である。が、先に紹介したような具体的な授業での実践例をもとに考察を行うことで、デューイによる教育の定義も、一面において『メノン』におけるソクラテスの議論と通底する実践的な意味内容を持ち、さらに別の場面での具体例を考察するための手立てとなることが期待されると思うのである。

4．教育実践と教育思想

　これまで、「歴史上の思想の解釈にあたって現代の課題を性急に読み込もうとする恣意的な方法論的枠組」との批判的言辞を意識しつつも、教育実践に関わるヒントや示唆を教育思想史からかなりストレートに学ぶことの意義と可能性について考えてきたつもりである。最後に、こうした学び方をする際の留意点について述べる。

　第一に、デューイは『経験と教育』において「教育的に価値ある経験」を識別するための判断基準として「連続性の原理」と「相互作用の原理」を挙げ、「経験がどのような方向をとっているのかを知ることが、教育者の仕事になる[22]」と述べていた。本章におけるソクラテスからデューイに関わっての議論でも、教師の役割が大きく論じられている。近年、「協同の学び」や「学び合い」において学習者自身による学びが大いに重視されているが、そのことの意義は認めつつも教師の役割について改めて考える必要があると筆

者は考えている（例えば、向山氏の授業において子どもたちがあるレベルの経験に十分に浸ることができたのは、その間の子どもの様子を見守るという氏の「教授行為」のゆえである）。

　第二に、思想を語る際に可能な限り実証的データ（エビデンス）を参照することである。1989（平成元）年版以来「新しい学力観」のもとで子どもの「学ぶ意欲」が重視されたにもかかわらず、その後の子どもたちの学習時間が以前よりもかえって減少していることが教育社会学者によって明らかにされた。また近年の教育経済学は、「『子ども手当』のような補助金は学力の向上には因果効果を持たなかった」「少人数学級は貧困世帯の子どもには効果が特に大きかった」ことを明らかにしている[23]。こうしたデータ（エビデンス）を思想の解釈にどう取り込んでいくか、絶えざる反省が必要であるように思われる。

　第三に、本節では思想の言葉に現在の教育現実を代入して解釈することの可能性を考えてみたのだが、こうした作業のためには、教育現実についてのそれなりの知識や経験の蓄積が前提として必要である。それゆえ、教職課程において教育思想（史）の履修は、実践に直接関わる諸科目の後になされるべきである。

5．近代教授学の父 コメニウスの事物教授論

　近代的な教授学の先駆者は、まさに近代教授学の父といわれるコメニウス（Comenius, J. A., 1592-1670）である。彼の教育思想とその教授理論は、有名な「あらゆる人にあらゆる事柄を教授する普遍的な技術を提示する大教授学」、いわゆる『大教授学　Didactica Magna』（1657）に述べられている。この著作の内容は、教育目的、教育改革の原理、教授の原則、各科教授論、学校制度論というように教育の問題が体系的に取り上げられており、世界における最初の教育学を体系的に示した著作であるといわれている。このこと

から、コメニウスが教育学の祖と呼ばれることとなったわけである。

　コメニウス教育論は、その当時の学校教育を痛烈に批判することから始まる。彼は学校は一部の富裕層のためにあり、すべての人々のためにあるのではないとし、さらに、学校での生徒への対応は暴力と知識の詰め込みが横行し、教授にまったくの工夫が見られないという現実を直視したのである。これらの当時の学校教育の現実から、新しい学校教育の構想が示されていくのである。

　コメニウスは教育内容に関して、正しい信仰・道徳・知識を単一の体系にしたもの、いわゆる汎知体系（pansophia）に基づき、統一的に教授されるべきものであり、すべての子どもに、統一された知識体系をむだなく一様に、あたかも知識を印刷するように教授するといった新しい学校の運営を構想した。このようなコメニウスの思想的基盤には、彼が貫いている世界観である「秩序」が存在するのである。

6．ルソーの発達段階に基づく教育論と自然主義の教育方法

　ルソー（Rousseau, J. J., 1712 - 1778）は、早くから文筆に興味と能力を持っていたが、1750年、フランス・デイジョンの学士院によって提出された懸賞論文、「科学および芸術の再興は道徳の腐敗に貢献したのかあるいは浄化に貢献したのか」（学芸論）に応募し、当選すると同時に、一躍パリ文壇の寵児となった。彼はこの論文の中で、学問と芸術の復興は人間を外面的修飾に、虚偽に、惰弱に、勢力の浪費に導くのみで真実の徳と力はそのゆえに滅びいくと論じ、彼がみずからのパリ生活において親しく目撃した文明の弊害と、故郷ジュネーブでの純朴な生活とを比較して当代文明社会を呪咀し、反抗児としての第一声を上げたのであった。

　「学芸論」によって名声を得たルソーは1753年、再びデイジョン学士院の懸賞論文に応募した。ここでのテーマは「人類の間における不平等状態の起

源はどのようなものか、しかしそれは自然法によって正当化されるかどうか」であったが、これに答えたのがいわゆる「人間不平等起源論」である。彼はこの論文で「自然状態の人間」がいかに寡欲素朴で同情に富み、秩序と平和を享有していたかを述べ、それがやがて産物の増加、金属ことに鉄の利用、商業の発達、富の蓄積によって貧富の懸隔を生じ、それが富者には不安を、貧者には猜疑心を生じさせたと論じた。そして、このことによって富者が自己の富と利益を保持するための奸策として法律が作られ、財産所有権が確保され、さらに官吏をおいて強弱不平等をますます強固にし、ついには権力を君主の専制に委ねることによって、主君と奴隷との差別を生じるに至ったと論じている。すなわち、文明の進歩はこうした不平等の原因であり、人類の歴史は理想的な自然状態より堕落した文明生活への歩みであるとしたのである。

ルソーのこの論文は先の「学芸論」において展開された文明批評がさらに歴史哲学的形態に組織されたものであり、しかもその結論は単に文明の一般的呪咀にとどまらず、当代現実の経済と政治機構とを支配階級の利己的財産であると断定していたから、明らかに左翼的イデオロギーを含み、革命文学としての力を蔵していた。デイジョンの学士院がこの論文をあえて当選させなかったのは、これが現実の波乱を引き起こすことを恐れていたからであった。例えばボルテールはこの論文に感激し、ルソーを皮肉交じりに激賞して、「われらをして畜生とするために、これほど強烈な精神をもっていた者はなかった。あなたの書を読めば四足にて走ることを喜ぶに至る」と述べた。

彼の名声が高まるとともに、彼に対する圧迫も次第に加わってきたので、彼は1756年、故郷ジュネーブに身を避けた。この閑居の日において、彼は自然と人生に対する多年の繊細にして、深刻な洞察をまとめ、これにたぐいまれな表現を与えることによって一代の主要著作を完成させた。それらは、『新エロイズ』(1761)、『社会契約論』(1762)、『エミール』(1762)の名著である。

ところでこれらの著書が当時の社会に与えた痛撃と革命的企図は内外の熱狂的愛読によってますます強く感じられ、同時にそれは為政当局に対しても、

ルソーをねたむ友人に対してもいよいよ彼に対する執拗な迫害を意図させるに至ったのである。著書『エミール』出版の1762年に政府は同書の焼却を命じ、パリの高等法院は彼に逮捕状を発し、僧正は彼を破門し、パリ大学の神学部もまた彼に反対を表明した。こうして彼は故郷ジュネーブにさえも居ることができず、ドイツ、イギリス等を放浪して1770年にパリに入った。ここで『懺悔録』を脱稿しているが、1778年に卒中をもって没した。

　『エミール（Emile）』はルソーの教育論で、架空の子弟エミールが理想の教師によって育てられる過程、及びエミールの理想の妻であるソフィ（Sophie）の教育される過程を述べた教育小説である。全部で5編から成立しており、第1編は総論と1歳から5歳まで、第2編は5歳から12歳まで、第3編は12歳から15歳まで、第4編は15歳から20歳まで、第5編はソフィのそれぞれの教育が述べられている。

　以下、主著『エミール』に基づいてルソーの教育思想の根本的特質を考察しよう。

　第一の特色は、主観的自然主義ということである。「造物主の手を出る時はすべてのものが善であるが、人間の手においてすべては脱落する」というエミール巻頭の名句は、人間本然の性がいかに善美にして、不純なる環境や伝統的教育がこれをいかに破壊してしまうかを鋭く指摘しているのである。ルソーにおける教育の3要素は、「自然」と「人間」と「事物」である。「自然」の教育とは人間本来の機能や器官の内部的教育であり、「人間」による教育とは人間が他人の発育に加える力であり、「事物」による教育とは人間が周囲の事物について自ら経験を獲得することである。そして「人間」による教育も「事物」による教育も、「自然」の教育を中心として、これに貢献するように展開されなければならないのである。すなわち彼は自然が人を教育するままに従って、人の自然的性能の発達するままに「人間」と「事物」とを奉仕させるのが真の教育であると考えており、ここに彼の教育思想が主観的自然主義といわれる所以がある。

　第二の特色は、一般陶冶もしくは人間陶冶の理念である。ここではまず

「社会人」（L'homme civil）と対立した「自然人」（L'homme naturel）の陶冶が強調される。彼によれば「社会人」とは特定の伝統的社会によって制約された人間であって、その社会との関係においてのみ相対的価値を有する人間にすぎず、社会を分母とする分数的単位にすぎないのが人間である。

つまり「自然人」とは、それ自身のために価値を有する人間であり、特定の分母に制約されない「絶対完全体」である。「自然秩序の中では人間すべて平等であって、その共通の天職は人間としての状態である。人間として立派に教育された人であるならば、何に向かってもできぬということはないはずである」というのがルソーの信条であったから、いかなる職業陶冶にも先立って、人間を人間として教育するという一般陶冶が彼の強調するところであり、国民教育や社会教育といった、特定の社会との関係における教育を排して端的に人間教育を主張するのである。ゆえにエミールは学校を離れ社会を離れ、あたかもロビンソン・クルーソーのように野や山をさまよい、ただ人間として強く逞しく生きるための教育を受けるのである。

以上がルソーの教育論の特質であるが、ここにも「学芸論」や「人間不平等起源論」以来、彼の強調する自然賛美と文明呪咀の思想が一貫して流れており、当時のルイ王朝支配の社会に対する反逆の意が秘められているといってよいだろう。

7. ペスタロッチの直観教授

ペスタロッチはまさに教育の実践家であって、自分の学校での教育実践を通して、すべての国民の子どもたちを平等に教育することができるようにとの思いで一生を教育に捧げたが、その教育の理論については必ずしも学問的に体系づけることをしなかった。しかし、彼の述べる一言半句さえも、彼の尊い血と涙の体験に裏づけられて、われわれに真に迫るものがある。

彼の教育思想の要件を支配している根本原理は、コメニウス（Comenius,

J.A., 1592‐1670) やルソー (Rousseau, J.J., 1712‐1778) と同様に「合自然
(Naturgemässheit)」ということである。すなわち、自然が人間を導くとい
う思想、とりわけ人間は自然との交渉を通してのみ真の知識を獲得するもの
であり、単なる既成の知識の伝達は空虚な言葉の知識を与えられるにすぎな
いとする。ここにペスタロッチは基本的な考え方をルソーに求めていること
がわかる。

　ルソーは、真の教育は自然の道に従う教育であり、この自然の道を導く
「自然の意志（神の意志）」を教育者は何よりもまず熟知し、それに従うこと
が必要であるといっており、この自然の意志を事物との関係における人間の
自然的欲望の中に見いだした。ここでのルソーの基本的な立場は、人間と事
物との関係に立っている。つまり、真の人間は不当な人間との関係を排除し
た事物との真の関係を通してのみつくられるものである。

　しかし、ここでのペスタロッチは人間と人間の関係に眼を向けており、他
の人間との関係において、道徳的に決定されるのであり、人間の本質を人間
との関係の中に見いだすのである。この意味では、上記のルソーとは違った
彼独自の思想的世界を展開しているのである。

　したがって、このことからも理解できるように、ペスタロッチのいう自然
はコメニウスのような客観的自然の立場をとり、しかもルソーの原始的自然
のように歴史的文化を排除するものではない。むしろカント（Kant,
Immanuel, 1724‐1804）の説くような、文化を通じて実現すべき人間性の自
然であり、彼はこのような自然を「道徳的・理性的自然」とよんでいる。要
するに、ペスタロッチの教育思想の根本原理は、人間性の深い洞察に基づき、
その発展への積極的努力を強調する主観的自然主義というべきであろう。

　以上のような「合自然」の思想は、ペスタロッチ研究の権威であるナトル
プ（Paul Gerhard Natorp, 1854‐1924）によって、「自発性の原理」「方法の
原理」「直観の原理」「調和的発展の原理」「生活共同体の原理」の5つの原理
にまとめられている。以下に、5つの原理をもとに、ペスタロッチの「合自
然」の思想を示してみよう。

　まず第一に、人間本来の性能が子どもの内面から自然に発展すること、すなわち自発性の原理（Prinzip der Spontaneität）を前提とする。「人間成長の法則は人間勢力の内的発展衝動として神々しくもまた永へに人間自身の上にある」という彼の信念は、ここにその根拠があるといえる。つまり、教育は子どもの能力を内部から発達させていくものであるとする立場に立ったもので、一定の形式的なものを外部から付与しようとする、従来行われてきた教育に反対する考え方である。

　第二にこのような人間の自己発展ともいうべきものは、一定の順序段階を追って実現するものであるから、この段階に即して教育を行うべきであるとし、「方法の原理（Prinzip der Methode）を強調したのである。これは、すべて知的、道徳的発達は、その根本的な要素から出発して連続的に間断なく進むべきであって、教育の一般に準拠した法則として３つの段階を規定するのである。つまり、根本的要素を持って出発点とすること、次に一定の要素から他の要素へ間断なく進み、順次これを連絡し、最後にこれを全体として総合する。このような３つの段階を経て無限に発展するという。以上のプロセスは、教育の方法・技術に大きな示唆を与えたのである。

　第三に上記の「自発性の原理」及び「方法の原理」は、その具体的方面として「直観の原理」（Prinzip der Anschauung）を要求する。彼は知能も道徳も具体的事物に即して教育すればより多くの効果を上げうることを強調しているが、これは「一切の理念は行動を介してのみ実現する」という彼の信念に基づくものである。したがって「直観」はすべての認識の絶対的基礎であって、個々の認識は必ず「直観」から出発しなければならないのである。しかしながら、ここでいう「直観」とは、受動的に事物の印象を得るという意味ではなく、むしろ、精神の自発性に基づいて積極的に事物を構成する作用であると捉えている。つまりペスタロッチの「直観」は、私の心の本性である感情の全系列の働きにほかならず、感性と知性の一体としての働きなのである。

　この「直観」に関わってペスタロッチは、認識の対象としての事物の本質

が何であるのかに着目することによって、事物の複雑なものを単純なものに分解していくと、必ず「数」「形」「語」の3要素で認識されるとした。これらが「直観」の根本的要素であり、認識の基礎であることを確信した。

　彼は人間において発達させるべき基本能力を道徳的、知的、身体的の3側面として、これらの調和的発展を主張した。子どもの諸能力は、これまで挙げた「自発性の原理」「方法の原理」「直観の原理」の3つの原理によって開発されるのであるが、その相互関係から「調和的発達の原理（Prinzip der Gleichgewichts）が第四に取り上げられることになる。ペスタロッチは陶冶されるべき子どもの能力に関して、とりわけ3方向から働きかけようとするのである。彼は、頭脳（Head）と心情（Heart）と手肢（Hand）の3領域に分け、なかでも「心情（道徳的、宗教的）の領域を重視した。この3H（Head, Heart, Hand）の調和的発展は彼のつねに強調したところで、これが「調和的発達の原理」なのである。

　彼は元来、社会を離れて個人は存在せず、個人の陶冶は社会においてのみ行われ、また社会の改善は個人の向上発達によってのみ可能であると述べている。「環境が人を造り、人が環境を造る」とは彼の信念であって、リーンハルトの堕落の背景には全村の荒廃があり、ゲルトルートの奮起は、よく一家を改造し、さらに一村を改造したとする教育小説に託してこの信念を吐露しているように思われる。これがまさに第五の「社会の原理（Prinzip der Gemeinschaft）である。

　彼は自発性の原理において、あくまでも子どもの自己発展を認めながら、同時に社会の原理において外からの社会的形成を説いているが、これこそ彼の教育学は真正の自由教育学であると同時に、真正の社会的教育学であるといわれるゆえんである。

　なお彼によれば、児童の発達を助成する中核的、典型的動力は「母性愛」であり、母を中心とする家庭教育こそあらゆる教育の源泉、原型であるとする。彼の教育学がしばしば賢母ゲルトルートを介して展開されているのはこのことを物語っている。彼によれば教師は常に「母性愛」を持って児童に対

すべきであり、児童の学校生活を家庭化すべきことを説いている。しかし彼は「母性愛」をさらに「人類愛」にまで拡充し、全人類が神の愛のもとに同胞として結合し、そこに愛の一大教育場を実現すべきことを究極の抱負とした。墓碑銘における「人類の教育者」「キリスト教徒」の讃辞はこの意味に解すべきであろう。

8. ヘルバルトの教育的教授

　ドイツの教育学者ヘルバルト（Herbart, Johann Friedrich, 1776 - 1841）は教育の目的を実践哲学（倫理学）に、そして教育の方法を心理学に求め、科学的でしかも実際的な教育学の体系を導き出し、科学的教育学を構築、成立させた。近代教育の建設者で、科学的教育学の創設者などといわれるヘルバルトの教育学の歴史における最大の功績がこのことにある。

　まず、ヘルバルトの教育の目的論からみてみよう。ヘルバルトは、道徳的判断の対象となるものについて行為ではなく意志であるとして、判断の根本原理を直観的判断、美的判断に求めた。その美的判断の対象である意志関係を、内的自由の理念、安全性の理念、好意の理念、正義の理念、公正の理念の5つに類型化して、道徳的理念を明確に示している。ヘルバルトは、教育の目的について教育全体を規定する必然的目的、それが、最高目的である道徳的品性であり、いま一つは子どもの選択による可能的目的、それが、他方興味であるということを明快に示した。

　すなわち、教育の目的として掲げられた道徳的品性の陶冶とは、子どもの心である感情、意志、思考を形成することにあり、ヘルバルトは、この心を経験的興味、思弁的興味、趣味的興味、同情的興味、社会的興味、宗教的興味として構想し、「多方興味」とした。人が、元来持ち合わせているこれらの「多方興味」を「教育的教授」によって高めていくことでこそ、道徳的品性が高まっていくとしたのである。これまでみてきたように、彼は道徳性の

涵養を教育の目的においていたが、この教育の目的の実現のための教育の作用として、管理、教授、訓練の3つの機能を含めたのである。

【注】

1）森部英生『入門教育学十五講』川島書店、1987年、pp.71〜72。

2）今井康雄編『教育思想史』有斐閣、2009年、pp.8〜9。

3）森田尚人「教育思想史の方法論的反省―「発達」概念の思想史の試みを軸にして」森田尚人・森田伸子編著『教育思想史で読む現代教育』勁草書房、2013年、p.365。

4）梅根悟『梅根悟教育著作選集1〜7』明治図書、1977年。

5）宮寺晃夫「日本の教育改革とデューイの再評価」杉浦宏編『現代デューイ思想の再評価』世界思想社、2003年、pp.34〜35。

6）杉浦美朗『デューイにおける総合学習の研究』風間書房、1985年。『自己教育力が育つ授業―デューイ教育学の展開』日本教育研究センター、1989年。『デューイ教育学の展開―新しい学力のために』八千代出版、1995年。

7）市村尚久訳『学校と社会・子どもとカリキュラム』講談社学術文庫、1998年。同『経験と教育』同、2004年。

8）最近著としては、佐藤他編著『活動的で協同的な学びへ「学びの共同体」の実践―学びが開く！高校の授業』明治図書、2015年。

9）拙稿「授業の構想とは何か―J. デューイ『経験と教育』再読―」『教育実践学会紀要』第15号、2012年。

10）プラトン『ソクラテスの弁明・クリトーン・パイドーン』新潮文庫、1968年、p.19。

11）同上、p.18。

12）プラトン『メノン』岩波文庫、1994年、pp.45〜46。

13）同上、pp.50〜64。

14）佐藤学「プラトン『メノン』「教え」の不可能性と「学び」の根源性」佐藤学編『教育本44』平凡社、2001年、p.34。

15）宇佐美寛『授業にとって「理論」とは何か』明治図書、1978年、pp.14〜15。

16）藤岡信勝「詩の授業における『教授ストラテジー』」『授業づくりの発想』日本書籍、1989年、pp.160〜170。

17）同上、p.164。

18）同上、p.166。

19）話者（あるいは話者の視点）は、ある特定の位置を占める物理的な存在として捉えられるのか、をめぐる議論があった。

20）藤岡、前掲書、p.167。

21）Dewey, *Democracy and Education in The Middle Works of J. Dewey* Vol.9, p.82

（松野安男訳『民主主義と教育（上）』岩波文庫、1975年、p.127）.

22）J. Dewey, *Experience and Education in The Later Works of J. Dewey* Vol.13, p.21. 前掲、市村訳『経験と教育』p.53。

23）中室牧子『「学力」の経済学』ディスカヴァー・トゥエンティワン、2015年、p.132。

第4章

教育実践と教育制度・行政

はじめに

　教育実践と教育制度・教育行政について、その相関を考える場合、法令上に「教育実践」の語ないし類義語が存在するのか、をまず検討してみたい。その上で、用いられた法令用語を媒介とすることによって、教員養成、教員研修、国と地方自治体の教育振興計画及び地方自治体の教育計画行政という教育制度・行政の具体領域において、教育実践はどのように意識され、どのような位置にあるのか、を考察してみたい。

1．教育実践と教育制度・教育行政─その相関

（1）法令上の「教育実践」

　法令上、「教育実践」の用例はほぼないといってよい[1]。代わって「教育」まで遡れば、当然ながら数が多く検索不能となってしまう。「教育実践」に代替する用語は、それではどのようなものか。ここでは、「教育指導」の語を取り上げてみたい。この語は教育関係法令において16件の用例がある[2]。

・学校教育法

　第三十一条　小学校においては、前条第一項の規定による目標の達成に資するよう、<u>教育指導</u>（下線は筆者による。以下、注記略）を行うに当たり、児童の体験的な学習活動、特にボランティア活動など社会奉仕体験活動、自然体験活動その他の体験活動の充実に努めるものとする。（後略）

　第三十七条10　指導教諭は、児童の教育をつかさどり、並びに教諭その他の職員に対して、<u>教育指導</u>の改善及び充実のために必要な指導及び助言を行う。

・公立義務教育諸学校の学級編制及び教職員定数の標準に関する法律

　第十五条（教職員定数の算定に関する特例）六　当該学校の教職員が教育公務員特例法（昭和二十四年法律第一号）第二十二条第三項に規定する長期にわたる研修を受けていること、当該学校において<u>教育指導</u>の改善に関する特別な研究が行われていることその他の政令で定める特別の事情

　3件の代表的な用例を挙げてみると、学校における教育活動の全体を指す場合と教員個人の教育活動を指す場合とがあり、「教育実践」の語とほぼ同一の対象を表現している。この章では、教育指導と教育制度・行政との関係を検討することによって、教育実践をより質の高い営みとして、これからの学校に実現するための教育制度・行政の在り方及び両者の望ましい関係を、次の（2）から（4）の検討を通して考えてみたい。

（2）教員養成・教員研修

　では、教育指導を行う教員に対してその根本を育てるものとして、教員養成・教員研修を捉えてみると、「実践的指導力（の基礎）」ないし「教員の資質能力の向上」という用語が用いられて久しい。また最近の制度改革においては、これらを繋ぐ「教員育成」という制度概念が提唱されるに至っている。教育制度・行政において、教育実践に対するこれらの概念の持つ意味と今後の課題を2. において考えてみたい。

（3）教育計画・国と地方自治体

　教育基本法第17条は、国に対して教育振興基本計画、地方自治体に対しては これを参酌した計画の策定を求めた。2006（平成18）年の法改正によって始まった計画策定の努力は、国、地方自治体における教育のガバナンス能力の向上を意図してのことであり、当然のこととして教育指導の向上を結果することを予定するものである。教育計画に基づく教育制度、教育計画行政の進展が教育指導にもたらす効果、影響について、現時点での国と地方自治体における教育計画の現状から、3. において考えてみたい[3]。

（4）地方自治体における教育計画行政

　「チーム学校」[4] がめざされる今日、地方自治体における教育指導の向上策が不可欠である。3. において検討した地方自治体の教育振興基本計画に基づいた計画的な教育行政において、教育指導の向上策、教員研修計画の動向はどのようになっているのか、4. において考えることとしたい。

2．教員養成・教員研修

（1）教員養成の歩み

　1949（昭和24）年教育職員免許法の公布、その後の課程認定制度の発足によって第二次大戦後の教員養成が進んだが、現在の教員養成制度は同法の1989（平成元）年改正によってその基盤が築かれ、次いで1998（平成10）年、2007（平成19）年、2016（平成28）年等の改正によって現在に至っている。特に、1989年改正の眼目であった「実践的指導力の養成」の考え方によって制度形成が図られていることを考えると、教育実践と教員養成の制度的な結合が今日の教員養成制度の基本的な特徴といえる。これをさらに進めるものが2016年改正のもととなった中央教育審議会答申[5] 等に描かれた教員育成制度の構築の理念である[6]。

（2）「実践的指導力の基礎」・「資質能力の向上」

　「実践的な指導力」とは、1983（昭和58）年教育職員養成審議会（当時）答申において教員養成の目標として提起され、続く1987（昭和62）年12月同審議会答申「教員の資質能力の向上方策等について」において「教科・教職についての基礎的・理論的内容と広い教養、そして実践的指導力の基礎を確実に身につけさせる」[7]ことを目的とした教員免許制度改革提言の根拠として登場したものである。「資質能力の向上」[8]と対になる概念として、専修免許の新設をはじめとする免許制度、初任者研修制度等、幅広い制度の実現をもたらした。「実践」という語の持つインパクトは強かったのである[9]。

（3）教員研修の歩み

　1989（平成元）年における初任者研修制度の導入は、それまで長く続いた試補制度導入の是非に終止符を打ち、現職研修として教諭採用1年間の実践的な研修の制度化を図ったものである。すでに1970年代初頭の教育職員養成審議会の建議には、初任者に対する国レベルの研修制度の必要が謳われていたことから、導入には長い時間を要した経緯がある。初任者研修の法的根拠は教育公務員特例法第23条である。

> 　第二十三条　公立の小学校等の教諭等の任命権者は、当該教諭等（政令で指定する者を除く。）に対して、その採用（現に教諭等の職以外の職に任命されている者を教諭等の職に任命する場合を含む。附則第四条第一項において同じ。）の日から一年間の教諭又は保育教諭の職務の遂行に必要な事項に関する実践的な研修（以下「初任者研修」という。）を実施しなければならない。

　実践的な研修の内容は、今日、制度導入から30年を経過し、校内研修を中心に校外研修を織り交ぜたものとして構成されている。文部科学省資料[10]によれば、校内研修週10時間以上、年間300時間以上、「ベテラン教員」の講師から、教員に必要な素養等に関する指導、初任者の授業を観察しての指導、授業を初任者に見せての指導（研修例）が行われている[11]。

（4）教員研修の課題

　2016（平成28）年11月、数年来の教員制度改革の動きは、関係法の改正に結実した[12]。教育公務員特例法の一部改正において、教員育成指標による教員研修の実施が課題となっている。本法律改正の内容は、1.校長及び教員の資質向上に関する指標の全国的整備のため、文部科学大臣が指標策定のための指針を策定する、2.任命権者に対して都道府県レベルの指標策定を求めており、このための教員育成協議会を設置することとしている。この場合、独立行政法人教職員支援機構は専門的助言を行うものとしている。3.指標に基づく教員研修計画の策定を求めており、対象として初任者研修、任命権者実施研修（従来の十年経験者研修を法律上必須の研修としていたものを中堅教諭等資質向上研修と改称して任命権者の計画による研修に位置づけ、その他任命権者による研修をいう）を挙げている。

（5）新たな教員養成・研修政策としての教員育成政策

　教員育成協議会は、指標を策定する任命権者及び「公立の小学校等の校長及び教員の研修に協力する大学その他の当該校長及び教員の資質の向上に関係する大学として文部科学省令で定める者」[13]を構成員としている。

　教員研修に対する任命権者である都道府県・政令市教育委員会の権限と主体性を高め、教員研修に対する大学の協力をいっそう求める改正である。なお、中堅教諭等資質向上研修は、同法第24条のこれまでの十年経験者研修を改正して設けるものである。これは教員免許更新制との連関から、従来課題とされていた事項に対する必要な整理であり、単に十年経験者研修を廃止したものではない改正は意味のあるものといえる。

　大学の教職課程カリキュラムについても、協議会における議論を斟酌して定めるものとしていることから、教員育成協議会を中心とした教員育成コミュニティがよりよく機能すれば、新たな教員養成・研修の仕組みが生まれる可能性がある。

　なお、引き続き教育公務員特例法で研修を規定しているが、その対象を公

立学校教諭等に限定しており、公立セクターでいえば臨時任用の講師等、また私立学校教員全体は対象としていない。もちろん、私立学校教員の研修を直接に同法で定めることはできないが、これらの者の資質向上に関する何らかの別の手続き的な法令が考えられないのか、また大都市圏における協議会組織の構成メンバーとなる大学が限られる状況に対してどのような対処を講ずることができるのか、ということは課題となろう[14]。

3．教育計画・国と地方自治体

（1）教育振興基本計画

　教育基本法第17条は、教育振興基本計画について規定している。

> 　第十七条　政府は、教育の振興に関する施策の総合的かつ計画的な推進を図るため、教育の振興に関する施策についての基本的な方針及び講ずべき施策その他必要な事項について、基本的な計画を定め、これを国会に報告するとともに、公表しなければならない。
> 　2　地方公共団体は、前項の計画を参酌し、その地域の実情に応じ、当該地方公共団体における教育の振興のための施策に関する基本的な計画を定めるよう努めなければならない。

　国の教育振興基本計画は、第1期：2008～2013（平成20～25）年度、第2期：2014～2017（平成26～29）年度を経て、2018（平成30）年度を始期とする第3期計画の策定が進んでいるが、現行計画である第2期「教育振興基本計画」（2013（平成25）年6月14日閣議決定）をみることにする。計画は、教育の現状評価と今後の課題から見いだされた「四つの基本的方向性」とこれを実現する4の共通理念、8の成果目標と30の基本施策から成っている[15]。では計画において、「教育実践」はどのように扱われているのだろうか。

　「四つの基本的方向性」の最初の視点である「社会を生き抜く力の養成」において、「生きる力」を学校内外の多様な環境からの学びによって児童生

徒に育てることをめざした政策課題を展開している。教員はその人的条件であり、「基本施策4　教員の資質能力の総合的な向上」とはこの課題を遂行する能力の育成を指している。

　基本施策4はその「基本的な考え方」を以下のように示している。

　　○基本施策1、2、3に掲げた質の高い学習を実現するため必要な<u>教員の資質能力</u>を総合的に向上させる。
　　○すなわち、課題探究型の学習、協働的な学びを展開するための<u>教員の実践的指導力</u>、高度な専門的知識や地域と連携・協働する力などを向上させるため、教育委員会と大学との連携・協働により、修士レベル化を想定しつつ養成・採用・研修の各段階を通じた一体的な改革を行い、教職生活全体を通じて学び続ける教員を継続的に支援するための仕組みを構築する。

　ここに見るように、新たな「学び」の展開を可能とする教員の方法的能力を「実践的指導力」とし、また「資質能力」はその基本となる教員の新たに開発される専門性・人間性を主に意味するようになってきた。

（2）地方自治体の教育振興基本計画—東京都を例に

　一方、地方自治体に対して教育振興基本計画を基本として実情に応じた計画の策定を求めたことから、地方自治体における教育計画の策定が、この10年の間に盛んとなっている。国同様、地方自治体計画において、「教育実践」はどのように扱われているのか見てみよう。ここでは東京都を例にしてみたい。

　「東京都教育ビジョン」（第3次）[16]は東京都の教育振興基本計画である（計画期間は2013〜2017（平成25〜29）年度）。基本理念とこれを実現するための五つの視点のもとで、10の取組の方向、23の主要施策によって構成されている。国の計画と構成は似ている点もあるが、内容は具体的である。特に東京都は教員採用、研修に独自の取り組みを行っているし、教員養成に関する大学との連携も積極的である。注目される自治体といってよい。該当する部分は次の通りである。

　取組の方向7　教員の資質能力を高める
　　主要施策12　優秀な教員志望者の養成と確保
　　主要施策13　現職教員の資質・能力の向上
　　主要施策14　優秀な管理職等の確保と育成

　「取組の方向7　教員の資質・能力を高める」では、現状と課題として、都の教員大量退職・採用の現状から、「養成段階から実践的指導力など、教員として求められる力を身に付けさせなければならない」[17]とする一方、「応募者の獲得競争が激化する中で、応募者数を確保」[18]する必要を指摘している。育成段階においては、現職教員の資質・能力の向上、若手教員を組織人として確実に育成することが必要としている。

　これを受けて、「主要施策12　優秀な教員志望者の養成と確保」では、「採用前から実践的な指導力等を身に付ける機会の提供」[19]を施策とする、この具体的な方策として、「小学校教諭教職課程カリキュラム」[20]に基づく教育実習評価、定着度を測る採用選考を通じ、同カリキュラムの普及を図る。また「『東京教師養成塾』において、実践的指導力や社会性を備え、即戦力として活躍できる高い志を持った教員を学生の段階から養成する」[21]。

　「主要施策13　現職教員の資質・能力の向上」においては、種々の課題を前に「専門性の高い教員」の育成を「資質・能力の向上」の主目的においている。「主要施策14　優秀な管理職等の確保と育成」では選考対象年代が少なく「選考受験者数は少なくなっている」[22]。管理職としての資質・能力を有する人材を掘り起こし、「管理職の職務と家庭生活を両立できるよう支援」する。

　主要施策13の内容として、「新規採用教員に対して、3年間の「東京都若手教員育成研修」を行い、教員として求められる「学習指導力」「生活指導力・進路指導力」「外部との連携・折衝力」「学校運営力・組織貢献力」を育成する。小学校新採用教員に対しては別に「学級経営研修」を行い、加えてコミュニケーション力を育成するとしている。このほか多岐にわたる施策内容が展開されている。

　この計画の特徴は、大量退職・大量採用、応募者獲得の激化を背景にした東京都における新たな学校教育の課題を担う教員の育成に関する戦略を積極的に展開している点にある。「実践的指導力」を「学習指導力」「生活指導力・進路指導力」「外部との連携・折衝力」「学校運営力・組織貢献力」「学級経営力」として定立し、養成段階から採用・新任教員から中堅教員まで連続した「実践的指導力」の育成を行う教育行政施策を確立したことである。

　「教育実践」に対して新たな問題提起であり、計画の実行度合いが高く、他の都道府県でも参考とする自治体も登場してきていることから、今後にも注目したいところである。

4．地方自治体における教育行政—区市町村を中心に

　都道府県と並んで区市町村における教育振興基本計画の作成が進んでいることは先に触れた通りである。ここでは東京都北区、三鷹市、千葉県柏市の計画について概略を見ておきたい。

（1）東京都北区

　「北区教育ビジョン2015」は「教育先進都市・北区」を掲げている東京都北区における教育振興基本計画として、「国の教育振興基本計画および東京都教育ビジョンを参酌するとともに、2015（平成27）年度から実施される教育委員会制度改革を踏まえて策定」[23] された。計画は、三つの視点からたてられた五つの柱のもとに、15の取組の方向及び50の重点施策により構成されている。

　「視点1『教育先進都市・北区』にふさわしい学校教育を展開する」に「(5)教員の資質・能力の向上を図る」を置いている。そして、柱Ⅱ「教育環境の向上」のもとに、取組の方向「7　学校の教育力・経営力を高める」が置かれ、その中の「重点施策（22）教員の指導力の向上・体罰の根絶」には、推

進計画「61）指導力向上を目指した各種研修の充実、62）教育アドバイザーの活用、63）部活指導者の育成」が挙げられている。さらに、「重点施策（23）教員の指導環境の充実」「重点施策（24）学校の経営力の強化」が推進計画の項目として挙げられ、内容として「子どもたちの可能性を引き出し、信頼関係に基づいた指導」「研修の質の向上」24）のほか、教育アドバイザーによる実地授業の指導・助言が示されている。

（2）東京都三鷹市

小中一貫教育、コミュニティスクールの取り組みに特色を持つ、三鷹市の教育計画である「三鷹市教育ビジョン2022（第１次改定）」は、目標を５点にまとめている。「目標Ⅲ　学校の経営力と教員の力量を高め、特色ある学園・学校づくりを進めます」の「11　三鷹らしい教育の実現を目指す教員のキャリア支援と人財育成」は次のような内容からなっている25）。

学校運営協議会が三鷹市の求める教員像について任命権者に意見を述べ、これに沿い教員採用を進めることや、「みたか教師力養成講座」26）を修了した優秀な人財が三鷹市に配属されるよう教育委員会との協議を行う。三鷹市に配属された教員に対しては「三鷹市学校人財育成方針」27）によるキャリア支援を行い、「優れた指導力と教育者としての愛情あふれる教員の育成」を行う。同時に専門性、コンプライアンス意識の啓もうを通じた社会的常識と教員としての倫理観を持った人材育成をめざして、資質・能力の向上を果たす研修の充実を期すこととする。

（3）千葉県柏市

教育計画策定に歴史のある千葉県柏市の教育振興基本計画である「柏市教育振興基本計画・後期基本計画（平成28年度〜平成32年度)」28）の施策体系は図４−１の通りである。「施策展開の方向３　学校の組織力・教職員の力量を高める」「基本施策３−１　様々な教育課題に対応できる力量を備えた教職員の育成」と「３−２　組織的な学校運営による学校の総合力の向上」では、

3−1でまず教員の年齢構成の二極化を取り上げた。そして、10年後を予測すると管理職層がきわめて少なく、現在の20、30代教員が組織の中核となることから、図4−2に見るように「柏市教職員人財育成指針」[29]によって市の求める教職員像を明らかにし、「『校外研修』『校内研修』『自己研鑽』の3つの視点から教職員の力量の向上を図るとともに、教職員相互が支え合い、学び合い、高め合う環境を整備」[30]する。具体策のなかで、若手教員への訪問による個別の指導・支援、パーソナルサポートの推進（教職員個人の要請に

3 施策体系

図4−1　柏市教育振興基本計画後期基本計画（平成28年度〜平成32年度）施策体系（同計画11頁、2016年5月）

Ⅰ 人材育成指針策定の趣旨

○ 社会が急激に変化し，学校教育を取り巻く課題は複雑化・高度化し，今までの経験や方法では対応しきれない状況がある。
○ 教職員の大量退職・大量採用により，指導力や指導技術の継承が困難な状況がある。

➡ 教職員の人材育成を意図的・計画的なものへ転換するため「柏市教職員人材育成指針」を策定する。

Ⅱ 人材育成を取り巻く現状と課題

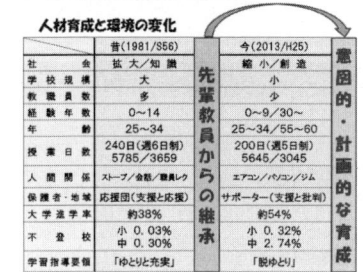

人材育成と環境の変化

	昔(1981/S56)		今(2013/H25)
社　会	拡大／知識	先輩教員からの継承	縮小／創造
学校規模	大		小
教職員数	多		少
経験年数	0～14		0～9/30～
年　齢	25～34		25～34/55～60
授業日数	240日(週6日制)		200日(週5日制)
	5785/3659		5645/3045
人間関係	ストーブ／会話／職員レク		エアコン／パソコン／ジム
保護者・地域	応援団(支援と応援)		サポーター(支援と批判)
大学進学率	約38%		約54%
不登校	小 0.03%／中 0.30%		小 0.32%／中 2.74%
学習指導要領	「ゆとりと充実」		「脱ゆとり」

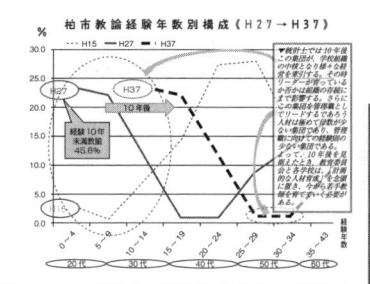

柏市教諭経験年数別構成《H27→H37》

≪現状≫
◆学び方の変化
◆組織力の弱体化
◆若年層教職員の急増
◆主任層・管理職の若年化
◆教育課題の複雑化・高度化
◆教職員の多忙化・多忙感
◆学校の小規模化
◆知的財産の喪失
◆ミドルリーダーの不在
◆同僚性の希薄化
◆人材育成方針の学校差
◆研修時間の確保の困難

≪課題≫
◇「新たな学び」への対応
◇各職層に応じた資質能力の向上
◇同僚性の強化と経験知の継承
◇学校組織マネジメント力の強化
◇目指す教職員像の共通認識
◇効果的・効率的な人材育成の推進
◇教職員のメンタルヘルス

意図的・計画的な人材育成が必要

Ⅲ 国・県が求める教職員像

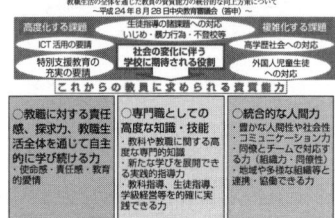

これからの教員に求められる資質能力
教職生活の全体を通じた教員の資質能力の総合的な向上方策について
～平成24年8月28日中央教育審議会（答申）～

これからの教員に求められる資質能力

千葉県が求める教員像
（公立学校教員採用候補者選考実施要項より）

(1) 人間性豊かで，
　教育愛と使命感に満ちた教員

(2) 児童生徒の成長と発達を理解し，
　悩みや思いを受けとめ，支援できる教員

(3) 幅広い教養と学習指導の専門性を
　身につけた教員

(4) 高い倫理観を持ち，心身共に健康で，
　明朗，快活な教員

図4-2　平成28年度　柏市教職員人材育成指針

員人材育成指針

Ⅳ 柏市の目指す教職員の姿

教育者としての愛情と使命感を持ち，相互に力量を高め合い，連携協力して課題を解決する教職員
（柏市教育振興計画より）

Ⅴ 人材育成基本方針

1　「柏市教職員人材育成指針」に基づいて，効果的・効率的な人材育成を図る。
2　教職員のキャリアステージに応じて資質能力の向上を図る。
3　社会の変化に対応した「新たな学び」を支える「学び続ける教職員」の育成を図る。
4　「校外研修」，「校内研修」，「自己研鑽」の3つが相互に関連し合い，補完し合う体制の整備を図る。

≪これまでの人材育成≫

柏市として
◆求める教職員像（資質能力）が不明確
◆取り組むべき人材育成の方向性が不明瞭
◆各学校の方針や個人の意欲に委ねて資質能力
　を向上
◆先輩教職員から知識・技術を継承

≪これからの人材育成≫

柏市として
◇求める教職員像（資質能力）を明示
◇意図的・計画的な人材育成の仕組み を構築
◇「校外研修」，「校内研修」，「自己研鑽」の3つ
　の視点から資質能力を向上
◇教職員相互が支え合い，学び合い，高め合う
　環境を構築

3つの学び（育成）の場の関連

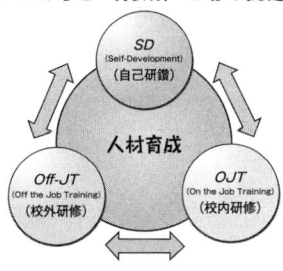

「人材育成指標」の活用

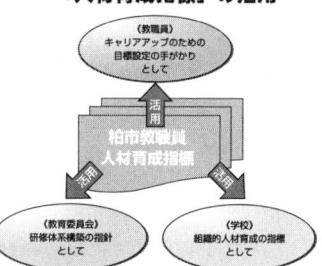

Ⅵ 教職員に求める資質能力

≪資質≫
○ 教育愛
○ 使命感・責任感
○ 向上心・研修意欲
○ 同僚性

≪能力≫
☆ 生徒指導力（集団指導・個別指導）
☆ 授業力（授業構想・授業展開・授業省察・改善・授業研究・研修）
☆ 組織経営力（組織マネジメント・資源の活用・危機管理）
☆ 連携・協働力（同僚との連携・協働・保護者・地域・関係機関との連携・協働）

（柏市教育委員会HPによる）

基づく指導主事の派遣）、市独自研修の実施（中核市の権限）などが特徴的である。

　3－2では組織的な学校運営のために、学校マネジメントを中心とした管理職、主任研修等の充実、学校評価の活用、学校法律相談（校長が弁護士に直接相談できる体制により、学校が教育活動に専念できる体制）等を挙げている。

おわりに

　教員養成、教員研修に関する国レベルの施策、国と地方自治体の教育振興基本計画、地方自治体の教育計画行政という教育制度・行政の具体領域において、「教育実践」がどのように意識され、どのような位置にあるのか、検討してきた。

　まず教育法令において「教育実践」の用語はなく、「教育指導」が用いられているが、国や東京都という政策形成上の指導的な位置にある計画等では、「実践的指導力（の基礎）」が用いられる。しかし区市レベルでは、それほど多く用いられているとはいえず、直面する教育課題に対する教員の活動はさまざまな用語で説明されていることの一端が明らかとなった。

　一方で「教育実践」が、かつての授業場面での「教授＝学習」を想起させるものから、学校を取り巻くさまざまな教育活動を取り込んで成立する概念に変化してきていることは、本論での検討から明らかである。このために、自治体の教育行政の主要課題として、「資質能力の向上」策が重要度の高い施策となっていることから、自治体それぞれに求める人材像の提起を行い、求める教師像を明らかにするという施策の方法が進んでいる。

　その場合、自治体によって「教育実践」「実践的指導力」の内包する意味の差異が大きなものであるのかは別にしても、大学における養成段階から大学の養成教育と並行する自治体ごとのセカンドスクールがそれぞれに構築さ

れることとなり、この傾向は今後も続くだろうと思われる。

　地方自治体の教育振興基本計画とその行政において、「教育実践」「実践的指導力」「教員の資質能力」がどのように扱われ、どのような意味を内包するのか、は今後も明らかにされるべき課題である。こうした研究を通じて教員の実践的営みを表現する法的概念の設定もなされる必要がある。

【注】
1）法令に「教育実践」の用語は、国立教育政策研究所組織規則（2001（平成13）年制定の文部科学省令）にのみ見いだされる（2017年3月15日実施）。
2）「e-GOV・法令データ提供システム」（総務省行政管理局〈http://law.e-gov.go.jp/cgi-bin/idxsearch.cgi〉）において、「教育指導」の含まれる法令を検索した結果、19件が見いだされた（2017年3月11日実施）。1）も同様の検索である。
3）2015（平成27）年3月31日現在、各都道府県・政令指定都市・中核市の教育振興基本計画の策定状況は、都道府県のうち奈良県、政令指定都市のうち函館市ほか2都市において未策定であったが、2016（平成28）年3月までにいずれも策定されている。一方、全国における市区町村の策定状況は1,738市区町村のうち、基本計画を策定済み1,190（68.5％）、未策定548（31.5％）となっている。うち、今後策定予定は213（12.3％）となっている。335の区市町村（町村がほぼすべてと思われる）に当面策定予定がない（文部科学省HP「教育振興基本計画」による。2017年3月14日確認）。
4）中央教育審議会「チームとしての学校の在り方と今後の改善方策について」（答申）2015年12月21日。
5）2014（平成26）年7月29日、文部科学大臣は「これからの学校教育を担う教職員やチームとしての学校の在り方について」諮問を行った。この諮問から4）の答申と同日に「これからの学校教育を担う教員の資質能力の向上について―学び合い、高め合う教員育成コミュニティの構築に向けて―」の答申がなされた。
6）小論での地方自治体教育計画の検討で明らかなように、教員育成の語は先に自治体レベルで用いられていた。
7）教育職員養成審議会「教員の資質能力の向上方策等について」（答申）1987年12月（全国私立大学教職課程研究連絡協議会編『教員養成制度改革資料集I』2011年、pp.15-40）。
8）同上。
9）私が大学助手から大学教職課程教員となった同時期のことであり、「実践」という概念をどう自分のものとするか、これまで持続して考えてきた。
10）文部科学省HP「初任者研修」による（2017年3月14日確認）。

11）大阪府教育センターのHPを参照すると、今日の初任者を中心とした教員への研修課題の与え方等、従来を超えた新たな取り組みの一端を理解することができる。

12）法律第87号「教育公務員特例法等の一部を改正する法律」2016（平成28）年11月28日公布。教育公務員特例法、教育職員免許法、独立行政法人教員研修センター法、独立行政法人教職員支援機構法、船員保険法、国家公務員共済組合法、地方教育行政の組織及び運営に関する法律、教育職員免許法及び教育公務員特例法の一部を改正する法律。

13）改正教育公務員特例法第22条の五による。

14）一連の教員政策改革について、拙稿「教師教育改革の新動向（日本）」（日本教師教育学会編『教師教育研究ハンドブック』2017年参照。小論2節は一部重なるところがある。

15）「教育振興基本計画（2013（平成25）年6月14日閣議決定）」2013年。

16）「東京都教育ビジョン（第3次）」2013年、東京都教育委員会。

17）同上、p.28。

18）同上。なお、本計画（第3次・一部改訂、2016年）では養成段階との接続等に表現の違いがみられる（拙稿「国・地方自治体教育振興基本計画における教員の『資質・能力の向上』」『東京薬科大学教職課程年報』創刊号、2017年参照）。

19）同上、p.29。

20）「『小学校教諭教職課程カリキュラム』は、大学における学部段階で学生に身に付けさせていく必要があり、東京都の小学校の教員として最低限必要な資質・能力を示したものである」（同上、p.29）。

21）同上。

22）同上、p.31。

23）「北区教育ビジョン2015」東京都北区教育委員会、2015年。

24）同上、pp.59-60。

25）「三鷹市教育ビジョン2022（第1次改定）」三鷹市教育委員会、2017年。

26）「みたか教師力養成講座」について、三鷹ネットワーク大学HP「小・中学校の教員をめざす大学生を対象とした講座です。講師は、小・中学校現場で実際に教育に携わっている現役の校長・副校長・教育実践に優れている教諭等や、教育委員会で教員の研修等にあたっているスタッフ等で、学校教育に関する実践的な内容が学べます」（2017年3月14日確認、この解説文は2014年度のもの）。

27）「三鷹市学校人財育成方針」について、「三鷹市人財育成方針」及び『三鷹市教育ビジョンの見直しに関する研究会報告書』（三鷹教育・子育て研究所、2011年）p.12参照。

28）「柏市教育振興計画・後期基本計画（平成28年度〜平成32年度）」柏市教育委員会、

2016年。

29）同上、p.44。

30）同上。

【参考文献】

文部科学省『文部科学白書』各年度版

辻本雅史監修『論集 現代日本の教育史2　教員養成・教師論』日本図書センター、2014年

日本教育行政学会編「政治主導改革と教育の専門性」『日本教育行政学会年報』41、2015年

全国私立大学教職課程研究連絡協議会編『教員養成制度改革資料集Ⅰ』2011年

全国私立大学教職課程研究連絡協議会編『教員養成制度改革資料集Ⅱ』2014年

全国私立大学教職課程研究連絡協議会編『大学院教職課程を中心とした私立大学教課程の充実に関する調査』2014年

田子　健「教員養成政策の展開と今後の課題」『玉川大学教師教育リサーチセンター紀要』創刊号、2015年

田子　健「協力者会議以降の教員養成政策」、全国私立大学教職課程研究連絡協議会『教師教育研究』第28号、2015年

日本教師教育学会編『教師教育研究ハンドブック』学文社、2017年

教員の資質能力向上研究会編著『教育公務員特例法等の一部改正の解説』第一法規、2017年。

第5章

教育実践と教育経営・マネジメント

1. 教育経営・マネジメントの営み

　教育経営は、教育の目的や目標を効果的に達成するために経営資源の投入を通して諸条件を整備し、有機的に運営を図る営みの総体をいう。その主体は、学級、学校、地方公共団体や国など教育経営の単位によって多様である。したがって、教育経営は、学校経営をはじめとして、教育行政さらには社会教育経営を内包した、社会全体における教育を包括的・全体的に捉えた概念といえる。

　教育経営は、学校経営、教育行政、社会教育など社会全体の教育を包括的・全体的に捉え、組織体における意思決定、人間関係の調整、組織内外の環境設計、組織内部と外部の関係構築、リーダーシップの発揮などに関わる営みを含んでいる。

　教育経営学は、これら教育経営現象を分析し、解釈し、その在り方を探る学問である。教育経営学は、教育の組織やシステムを問い、教育における経営の理論化をめざし、教育組織体における教育事象を統括的に把握する理論の体系化をめざす学問である。

　それはまた、教育内容と教育方法と条件整備との一体的な把握をめざす問

題意識のもとに、その理論、及び知的体系の構築をめざす学問である。別の言葉でいうならば、教育内容と方法及び条件整備を、教育内容系列と条件整備系列から、あるいは、カリキュラムをヒト・モノ・カネ・時間・情報などから、関連的・総合的に捉える、教育における経営に関する一連の知的体系であり、その理論化、体系化をめざす学問領域ということになる[1]。

2．教育経営研究と教育実践とをつなぐ

　ところで、教育経営・マネジメントに関わる実践もまた、一群の知識を基盤に、また、それらを整理し体系化された理論を拠り所に展開が図られる。

　教育実践にとっての理論は、実践の基本的な考え方を提供したり、その方向性が妥当であるか、その判断の拠り所に示唆を与え、実践の確かさに一定の根拠を提供する役割を果たす。理論が実践を支え、実践が理論を生成する循環した関係でもある。

　その知識を発見し理論の生成を図る営みが、研究と称される一連の取組である。すなわち、研究は、知識の発見や理論の生成を通して、教育実践に対して知識基盤を提供し、手立ての選択にあたって根拠を提供する役割を担っているといってもよい。

　研究を通して知識が発見され、その蓄積の過程を通して理論が生まれ体系化が図られる。その意味で、教育経営の実践にこそ一群の知識が、そして、理論が潜んでおり、それらを明らかにして体系化を図ることが研究の営みということになる。その意味で、教育経営に関わる実践と研究は、常に双方向の関係にあるといっても過言でなく、この両者の関係が問われ続けなければならない。

　しかし、実践と研究との関係は、双方向であって調和的な関係であるとは必ずしもいえない。教育経営・マネジメントに関わる実践も、研究の過程を通して生み出された理論を求めるというよりも、自らの実践を通して理論を

生み出すということもある。別の言い方をするならば、実践は実践、研究は研究と、両者の間には、深い溝があったり、それこそ距離があったり、時に、関係が断たれた状態になることも少なくない。

　その意味で、研究と実践の関係が問われなければならず、両者を結びつける取り組みを明らかにしていくことが課題となっている。本章においては、教育経営・マネジメントをめぐって、理論が実践を支え、実践が理論を生み出す双方向の関係、循環した関係を創り出すにあたって、その知的・実践的基盤を確かなものにする観点から、いかにして両者の関係を築いていくかを究明することにしたい。

（1）基礎と応用―基礎研究の発展としての応用研究

　まずは、教育経営・マネジメントに関わる研究について、基礎的研究と応用的研究とに分化・発展させていく方途を挙げておきたい。基礎的な研究の応用をもって実践に接近を図ることである。

　研究と実践との関係が発展的に構築できない原因の一つに研究の在り方がある。すなわち、学術性を志向するほどに、実践との距離が離れることがある。研究にとって学術的であることはまさに欠かせぬ要件といってよい。これを担保するために、実践から距離を取る方略を選択する研究も少なくない。

　しかし、実践への接近を放棄することによって学術性を保つやり方は、実践の立場からするならば、現実感に欠ける遠い存在として捉えざるを得なくなりがちである。

　これに対して、研究の世界を振り返ってみると、基礎と応用とに分化させ、応用的な研究分野を発展させることによって、研究の学術性を担保するとともに現実の世界との接点を確保する歩みが見られる。

　原理や知識の発見や生成を基礎とし、それらを個々の事例などに具体的にあてはめて用いることを応用とする。例えば、化学の例を挙げるならば、化学自体は、物質の構造や性質、相互の反応を研究する自然科学の一分野とされ、一方、応用化学は、化学物質の生産や利用の技術に関わる研究分野とさ

れている。すなわち、化学の理論的体系を探究する基礎的分野と、その利用に関する研究の応用的分野とに分化させ、学術性の担保と実際への貢献とにともに向き合おうとしている。

　教育経営学は、自然科学の分野のように、そこまで進んではいない。また、そのような歩み方とは異なる道筋たどっており、教育経営学の現状は、基礎と応用という観点からすれば、基礎的な研究とも応用的な研究とも位置づけかねる教育経営現象に関する調査研究が一定の割合を占めている。それは、教育経営に関する研究が、現実の実践との距離が近く、そもそも学問として応用的な性格を多分に有しているといってよい。それだけ、基礎が固めきれない学問的な弱さを抱えているとも指摘でき、この面の研究の充実が課題とされていることも教育経営学の現実的な姿である。別の言い方をするならば、教育経営に関する研究が、いまだ基礎と応用とに分化しきれていない現状がある。

　その意味で、教育経営学を基礎分野と応用分野に分化させ、発展・充実を図ることが、教育実践に対して、教育経営に関する研究、及び、教育経営学の貢献度や存在感を高めることにつながらないか。あるいは、基礎分野の確立を通して、応用的な性格をもつ多くの教育経営に関する研究に対して、自らの在り方を問い直すなど、その存在の明確化を迫ることになるであろう。

　このような教育経営に関わる研究と実践の構図、すなわち、基礎的な研究、応用的な研究、そして、教育実践について、それぞれを位置付け、相互の関係を捉えるならば、研究の教育実践への貢献について、応用的な研究がすべてということではなく、基礎研究もまた、相応の位置を占めうることが考えられる。あるいは、応用的な研究を積み重ねても教育実践にはあまり貢献していないという姿も見えてくることになる。

　いずれにしても、基礎的な研究を基盤に応用的な研究を発展させ、社会の現実的な要求に対処してきた学問の歴史的な歩みは示唆深く、教育経営学にとって学ばねばならないことも少なくない。

（2）基礎研究と教育実践をつなぐ
　　—両者を媒介する、つなぐ領域の開発—

　次に、基礎的な研究と実践との間に中間的な領域の構築を挙げておきたい。基礎とか応用といった言い方ではなく、教育経営に関わる研究と実践との間に、新たな中間的な領域を築く取り組みがあってもよい。

　それは、これまでなされてきたいわゆる実践的研究とも異なり、基礎的な研究と実践との間に立って、両者を媒介したり、結びつけたりする新たな領域の構築である。それはまた、教育実践をめぐる現実を踏まえ、より実践の論理を重視し、そこに存在する課題の析出と応答をめざし、研究と実践の接近をめざす独自の研究領域の構築をめざす。それは、より教育の論理、現実の状況から出発することを重視する。この点について、無藤隆は、「基礎研究でなく実践研究でもなく、媒介的なレベルの研究をどう作っていくか[2]」が課題であると指摘し、研究と実践を結びつける独自の研究領域の構築を提起している。

　この点について、教育経営学の分野を追ってみると、一連のスクールリーダー研究に新しい領域の構築をめぐる萌芽的な動きを認めることができる。

　例えば、教育経営学会のメンバーによる共同研究「スクールリーダー教育方法の実態と課題」（研究代表者・小島弘道）（日本教育経営学会第48回大会自由研究　発表資料　2008年6月8日）は、大学院における教育方法の開発をめざし、その知見や技法を教育現場に携わる現職の教職員に伝え、習得を図る一連の取り組みの経過と課題を明らかにしている[3]。

　それは、蓄積されてきた研究の知見を基盤にして、メソッドの開発をめざすもので、教育経営分野における基礎的な研究と教育実践とをつなぐ領域の開発として捉えることができる。

　ただ、その後の経過をたどってみると、スクールリーダーの育成に関わる教育方法やカリキュラム、さらには専門職基準の開発などには成果を収めたものの、研究と実践を媒介する新たな領域への発展をたどるまでには至らず、改めて、残された課題とされていることを指摘しておきたい。

　いずれにしても、研究と実践を媒介する新たな領域の構築にあたって、まずは、教育経営に関わる営みがなされている現場に入り、そこに生み出されている教育経営現象の記述と課題の析出を図ることである。そのために、エスノグラフィーといった方法をはじめ、参与観察、さらには、アクションリサーチといった方法などがさまざまに開発されており、研究の目的、教育経営現象の特性などに応じた選択が求められることになる。

　さらには、そこに存在する課題への応答に迫られ、そこにはコンサルテーションと呼ばれる手法が準備されている。

　これら一連の手法の取捨選択を通して課題に迫る研究の進め方を総称して臨床的アプローチとよぶことにしたい。すなわち、エスノグラフィー、参与観察、アクションリサーチなどによる現象の観察や記述、そして、課題の析出、そして、コンサルテーションによる研究者と実践家とのコミュニケーションによる課題への応答など、これらを包括しての総称が臨床的なアプローチという研究の進め方であり研究方法論ということになる。すなわち、それは、コンサルテーションを核にアクションリサーチ的な方法をもって、知識の発見と開発を図る研究の進め方であり、新しい領域の構築にあたって欠かせない手法ということになる。

（3）研究者と教育実践家との関係づくり

　さらに、研究者と教育実践家との関係づくりを挙げておきたい。教育経営に関わる理論と実践の関係を探るテーマは、教育経営に関わる教育実践家と研究者の関係づくりと多分に重なる。

　教育経営研究の立場からすれば、一連の教育経営現象を観察し、そのメカニズムを明らかにすることに一義的な関心が存在する。すなわち、教育経営現象の観察と記述を通して、その形成要因やメカニズムの解明に多くの関心が注がれる。一方、実践家の立場からすれば、子どもの成長や学校教育目標の達成に迫る観点から、実践のための知識基盤や技法の探究に多くの関心が置かれる。

　その研究者と教育実践家との関係の在り方が、研究のスタイルに表れ、実践にも影響を及ぼす。研究と実践とのコミュケーションを通して、研究者と実践家との関係が成り立ち、その在り方が相互に影響を及ぼし合うことになる。

　教育経営に関わる研究が、いかなるスタイルを取るか。研究者によってさまざまである。基礎研究に立場を置く研究者もいれば、教育現場を志向する研究者もおり、まさに多様な研究が存在している。そのうち、教育実践との関わりを志向し、教育現場をフィールドとする研究をめざすものであるならば、とりわけ研究者と教育実践家との関係づくりが問われることになる。学校現場といかに関わりを持ち、関係を構築するか。その関係づくりが、研究全体を特徴づけることにもなる。

　もっとも、教育実践家にとって研究者は、ある意味、迷惑な存在である。それは、難解な用語を振りかざし、日々の実践とはかけ離れた小難しいことを語る人々である。それも大学という空間にとどまっているならばまだしも、教育現場に入ってくるとなると、ただ研究のためのフィールドを提供するためと割り切って捉えたにしても、煩わしさを覚えざるを得ないというところかもしれない。

　連携とか協働といったことも、あくまでも研究者の都合であって、教育実践の立場からするならば、その意義も必要性も感じられず、まして観察されたりインタビューされるとなれば、煩わしさを募らせるということになっても不思議はない。研究者が教育現場で行うことといえば、自らの研究関心にそってデータを収集することであるといってもよい。教育現場に立つ実践家の立場からするならば、迷惑な話ということになる。

　ただ、教育実践において理論の重要性について認識を深める実践家となると、そのような研究者の存在や営みに対する受け止め方も異なってくるかもしれない。すなわち、研究者の存在に教育実践を支える理論を見たり、研究者の一連の求めに理論形成への協力として意義づけるなど、互いの関係づくりについて新たな発展的な過程が生み出されることも考えられる。

　いずれにしても、現場を志向する研究をめざすならば、まずは、この教育実践家の心情を理解するところから始めねばならない。実践家の状態、学校の状況を深く読み取るところから、よき理解者となるところから、関係づくりは始まるのであって、この点についての理解に欠け、読み誤るとなると、その先は容易に開かれないということになる。

　データの収集が研究にとって生命線であることは間違いない。その意味でも、とりわけ教育現場を志向する研究にあたって、実践家から研究者への協力が大きな鍵を握っており、両者の関係づくりを通して、研究者によるデータ収集も成り立つことを確認しておきたい。

　めざすところは、信頼を基盤にした関係づくりということになる。その互いの受容に至る過程の核となるのが、研究者と実践家との人と人との相互理解にあるとともに、理論と実践の相互関係を重要とする志向性の共有にある。

　さらにいうならば、研究者と教育実践家との関係づくりがめざすところは、協働によるアイディアの創出にある。協働の過程の創出を図り、課題意識の共有と解決に向けて、ともにアイディアを創出するところに関係づくりのめざすところがある。

　その協働の過程には、次に挙げるような、研究者と実践家が互いに変容を迫られるテーマや場面が含みこまれている。

・研究者から実践家に向けて、授業や学級経営などの教育実践について省察のヒントとなるアドバイスを提示する。

・学校・学年・学級などに存在する実践的な課題について、実践家と協働しながら取り組む協働のスタイルを創出する。

・学校が抱える課題について、さらには、教育委員会が抱える課題について、研究者と実践家が一体となって解決をめざす取り組みをする。

・実践家の立場からは捉えにくい教育成果について、研究者はモニタリングやフィードバックを図る役割を担う。

　このように、この協働の過程は、実践家に対して方向性や方策などについての助言や処方箋の提示を通して、研究の世界と実践の世界とをつなぐ役割

を研究者に求めることとなり、我が国にとって、このような関係の日常化が課題といえよう。すなわち、教育経営に関わる実践現場に実践家とともに研究者が存在し、両者が協働して課題解決に迫ることへの是非が問われている。

3. コンサルテーションと研究者の力量

(1) 問われる研究者の力量

　さて、ここまで述べてきたことを研究者の力量という側面から整理しておきたい。すなわち、教育経営に関わる研究と実践との関係づくりにあたって、対話手法の洗練をはじめとしてもろもろの手法の習得がものを言うのであって、研究者の力量に負うところが少なくない。しかも、その習熟の程度によって、研究の成果にも影響は及び、研究と実践の関係もさまざまな様相を呈することになる。すなわち、研究者が教育現場に関わる場合、少なくとも次の力量が求められる。

① 対象とする学校に存在する課題を読み取る能力（組織を観察し、診断し、評価し、さらには、処方箋を書く能力）

② 組織の現状を記述する能力（エスノグラフィックな能力、インタビューによって振り返りを図る能力、会議録や担当者の手記を読み取る能力、各種資料をもとに記述する能力）

③ 組織を開発する能力（カリキュラムや指導法の開発を促す技法、改善策を示し、実行する能力）

④ 対象とする学校の教職員との関係づくりを図る能力（授業を通した対話による関係の形成、校内での研究会などで提供される話や授業などを通した関係づくり）[4]

教育経営の理論と実践に関わる研究者にとって、どれをとっても欠かせないものであり、とりわけ教育現場を志向する研究者にとっては、③及び④の習熟が問われることになる。この③及び④は、教育実践家との関係づくりに

あたって、また、教育現場において研究を進めるにあたって基本的なツールとなるものである。さらにいうならば、これらは、コンサルテーションとよばれる手法の基盤となり、その効果を大きく左右するものであり、研究者の教育現場へのアプローチを支えることになる。

（2）コンサルテーション

　そこで、研究者が教育経営に関わる実践との関係づくりを果たすにあたって、また、その接近を果たすにあたって、コンサルテーションは有力な手法と考えられる。コンサルテーションについて言及しておきたい。

　コンサルティング（consulting）とは、一般に、専門知識を基盤に、組織の現状を観察し、問題点と原因の分析を図り、クライアントに対して対策案を示して改善を援助する営みである。すなわち、「コンサルタントの仕事とは、介入、すなわちクライアントの問題解決に役立つ何らかの行為を行うことによって、援助の手を差し伸べることであると言ってよいであろう[5]」。

　学校の場合、「コンサルタント」として援助する役割を果たすのが研究者であり、「クライアント」の立場に立つのが実践家であることが多い。

　研究者自身の事情から関係づくりが始まる場合と、相手方の要請から関係づくりが始まる場合とに大きく分けることができ、それによってコンサルタントの性格も中身もプロセスも変わってくることが考えられる[6]。

　そのうえで、相手の要請によって求めるものに応じることがコンサルテーションの原則とすべきである。すなわち、コンサルテーションを捉えるにあたって、研究者の事情よりも、相談を求める側の事情が優先されるべきである。

　この教育経営学の分野におけるコンサルテーションに関する研究として、「学校経営に関わるコンサルテーションのニーズ・手法・理論に関する研究」（研究代表者・水本徳明）平成19年度～平成20年度科学研究費補助基礎研究（B）2009年3月がある（以下、「報告書」）。

　「報告書」は、教育経営学の分野におけるコンサルテーションの現状を分

析し、研究及び実践における有効性と課題の解明をめざしている。実態調査など一連の取り組みを通して、特定のタイプのコンサルテーションがどのような学校にも効果的であるというのではなく、それぞれの学校の環境や課題の特質に応じて効果的なコンサルテーションのタイプも異なることを仮説的なまとめとしている。その上で、今後の課題として、コンサルテーション事例の蓄積と、効果を判断するための理論や手法の開発が必要と指摘している[7]。

（3）コンサルテーションに関する力量の形成

　これらの点を踏まえるならば、教育現場との関係づくりにあたって、研究者には、コンサルテーションに関する知識と技法の習熟が問われることになる。この点に関連して、「報告書」は、教育経営の分野におけるコンサルテーションに関する研究者の力量形成について示唆深い。

　まず、コンサルテーションに関する知識や技法が、研究者個々の知識や経験によって培われてきたものであって、その知識基盤が一般に共有できるほどに構築されている状況にはないと次のように指摘する。すなわち、「これまで、コンサルテーションは実際にそれに携わっている個々の研究者の知識や経験に基づいて行われてきた。コンサルテーションのための知識基盤が構築されてきたわけではない[8]」と。

　このような状況は、今後も続くことが予想され、研究者それぞれの個人的な努力の積み重ねによって知見を構築していく必要があると考えられる。この点について、「報告書」は、コンサルテーション活動自体を通じたアクションリサーチ的な知識形成、すなわち、臨床的アプローチと呼ばれる研究の進め方をもって、知的基盤を培う必要があると指摘する。

　また、研究者間の交流の必要性を指摘し、「個々の研究者の経験と知識を交流させて新たな知識を生み出したり、総合化したりすること[9]」を求め、そのことを通して形成された知的基盤を力量形成につなげていくことを提言している。

　いずれにしても、研究者それぞれが、教育現場との関係づくりを通して、

それぞれの手法を身につけてきたといってよい。その過程を改めて見つめ、コンサルテーションをはじめ築き上げた知識やスタイルを精査して提示することが求められており、その蓄積と交流が教育経営に関わる理論と実践の関係を深め、教育経営学の進歩に寄与すると考えられる。

　「報告書」は、その必要性を指摘しており、改めて、それぞれの研究者の力量形成と重ね合わせ、教育経営をめぐるコンサルテーションに関わるケースの発掘と分析が課題とされることを確認しておきたい。

【注】

1）天笠茂「教育経営学と生活科、総合的な学習」日本生活科・総合的学習教育学会紀要『せいかつ＆そうごう』第18号、2011年、pp.48-55。

2）無藤隆『現場と学問のふれあうところ』新曜社、2007年、p.131。

3）「スクールリーダー大学院における教育方法に関する開発的研究」平成18〜20年度科学研究費補助金基盤研究（B）（研究代表者・小島弘道）の一環として、広く受講者を募り、スクールリーダーシップフロンティア講座を開催している（2008（平成20）年5月20日）。その講座内容については、①学校改善を推進するための実践“臨床”講座（講師：大脇康弘・水本徳明）、②学校改善を推進するための実践“理論”講座（講師：佐古秀一・浜田博文）、③カリキュラム・マネジメント（講師：天笠茂・臼井智美）、④スクールリーダーの力量を身につける―分析力とファシリテーションを中心に―（講師：牛渡淳・佐野享子）などであった。

4）天笠茂「臨床的アプローチの研究事例をもとに―カリキュラムマネジメントに関わる３つの事例―」『日本教育経営学会紀要』第40号、2004年、pp.160-164。

5）佐野享子「学校変革を促すコンサルテーションの可能性―コンサルテーションの方法に関わる理論に着目して―」「学校経営に関わるコンサルテーションのニーズ・手法・理論に関する研究」（研究代表者・水本徳明）平成19年度〜平成20年度科学研究費補助基礎研究（B）、2009年３月、p.1。

6）同上の「報告書」（p.60）は、コンサルテーションのタイプについて、次のように３つに整理している。①恒常的継続的な関わり、②研究開発学校など、一定の時期に期限付きでの関わり、③緊急的な対応が迫られる場合、という分類が示された。

7）「報告書」p.64。

8）「報告書」pp.63-64。

9）「報告書」pp.63-64。

【参考文献】

天笠茂『学校と専門家が協働する―カリキュラム開発への臨床的アプローチ』第一法規、
2016年

第6章

教育実践と教育課程
―カリキュラム・マネジメント、
クロス・カリキュラムの視点を踏まえて―

はじめに

　2014（平成26）年11月20日、下村博文文部科学大臣（当時）より中央教育審議会に対して、「初等中等教育における教育課程の基準等の在り方について」の諮問が行われ、次期学習指導要領改訂に向けての審議が始まった。本諮問では、成熟社会を迎えた我が国の今後の社会構造等の変化、現行学習指導要領の下での教育実践の成果と課題等を踏まえ、「一人一人が互いを認め合い、尊重し合いながら自己実現を図り、幸福な人生を送れるようにするとともに、より良い社会を築いていくことができるよう、初等中等教育における教育課程についても新たな在り方を構築していくこと」「一人一人の可能性をより一層伸ばし、新しい時代を生きる上で必要な資質・能力を確実に育んでいくことを目指し、未来に向けて学習指導要領等の改善を図る」ことが必要であるとしている[1]。

　本諮問では、今日の教育課題を踏まえ、次のように指摘されている。「ある事柄に関する知識の伝達だけに偏らず、学ぶことと社会とのつながりをより意識した教育を行い、子供たちがそうした教育のプロセスを通じて、基礎的な知識・技能を習得するとともに、実社会や実生活の中でそれらを活用し

ながら、自ら課題を発見し、その解決に向けて主体的・協働的に探究し、学びの成果等を表現し、更に実践に生かしていけるようにすること」が重要である。そのために、「『何を教えるか』という知識の質や量の改善はもちろんのこと、『どのように学ぶか』という、学びの質や深まりを重視することが必要であり、課題の発見と解決に向けて主体的・協働的に学ぶ学習（いわゆる『アクティブ・ラーニング』）や、そのための指導の方法等を充実させていく」必要がある。また、「こうした学習・指導方法の改革と併せて、学びの成果として『どのような力が身についたか』に関する学習評価の在り方についても、同様の視点から改善を図る」必要がある。

　以上の指摘に基づき、具体的な審議事項として、「教育目標・内容と学習・指導方法、学習評価の在り方を一体として捉えた、新しい時代にふさわしい学習指導要領等の基本的な考え方」について、「育成すべき資質・能力を踏まえた、新たな教科・科目等の在り方や、既存の教科・科目等の目標・内容の見直し」について、「学習指導要領等の理念を実現するための、各学校におけるカリキュラム・マネジメントや、学習・指導方法及び評価方法の改善を支援する方策」について、の3点を挙げている[2]。

　今回の改訂は、諮問文に記されているように、カリキュラム・マネジメントの考え方に基づき、教育課程のPDCAサイクルの具現化という観点から学習指導要領の構造を見直すこと、育成すべき資質・能力を踏まえた教科・科目等の在り方を検討すること等、教科ごとの縦割り構造の下で行われてきた従来の改訂とは異なる方向性を示している。また、この改訂は、すでに決定した「道徳の教科化」（学校教育法施行規則一部改正、2015（平成27）年3月27日告示、2018（平成30）年4月1日（小学校）、2019年4月1日（中学校）施行）、「義務教育学校の制度化」（学校教育法一部改正、2015年6月24日告示、2016（平成28）年4月1日施行）等と併せ、現在、安倍晋三首相の下で進められている一連の教育改革の総仕上げとしての意味を有しており、2016年12月21日の中央教育審議会答申、2017（平成29）年3月31日の告示（高等学校は2018年3月31日予定）を経て、2020年度（小学校）・2021年度（中学校）・2022

年度（高等学校）からの実施が予定されている。

　本章では、以上のような学習指導要領改訂の動向を踏まえながら、改めて教育課程とは何かを問い直すとともに、新教育課程における実践上の課題の一つとして、諮問文にも記されている「課題の発見と解決に向けて主体的・協働的に学ぶ学習」を可能とするクロス・カリキュラムの開発に関する問題を取り上げ、考察することを目的とする。

1．教育課程とは何か

（1）教育課程の定義

　教育課程とは、英語のcurriculumに相当する用語である。今野喜清は、教育課程を「教育目標に即して児童生徒の学習を指導するために、学校が文化遺産の中から選択して計画的・組織的に編成して課する教育内容の全体計画」[3] と定義している。また、教育課程は、狭義に定義される場合と広義に定義される場合がある。大嶋三男は、狭義には「各学校段階で教授される各教科及び教科以外の活動の組織とその配当時数」を、広義には「教育目的を達成するために教育機関が計画し、指導するいっさいの教育内容および児童生徒の学習活動のすべてを包含するもの」を意味する、としている[4]。

　教育課程という用語が、学習指導要領上で初めて用いられたのは、1951（昭和26）年改訂版である。最初の学習指導要領である1947（昭和22）年版では、教科のみによる構成であったために教科課程という用語が用いられていた。しかし、1951年版学習指導要領では、教科以外の活動（小学校）、特別教育活動（中学校・高等学校）が教科と並ぶ正規の教育活動として位置づけられ、教科と教科外活動による構成となったために、教育課程という用語が用いられるようになった。同書の「Ⅱ　教育課程」では、教育課程を「児童や生徒がどの学年でどのような教科の学習や教科以外の活動に従事するのが適当であるかを定め、その教科や教科以外の活動の内容や種類を学年的に配

当づけたもの」と定義している[5]。

　また、「Ⅲ　学校における教育課程の構成」では、各教科とその配当時数を示すだけでは教育課程そのものについての叙述は十分でないとして、「本来、教育課程とは、学校の指導のもとに実際に児童・生徒がもつところの教育的な諸経験、または、諸活動の全体」を意味すると述べられている[6]。この2つの定義のうち、前者が上記の狭義の定義、後者が広義の定義に相当すると考えられる。さらに、後者に関して、それらの諸経験は、「児童・生徒と教師との間における相互作用から生じる」のであり、「教師は、（中略）児童・生徒とともに学校における実際的な教育課程をつくらなければならない」「学校における教育課程の構成が適切であり、教室内外における児童・生徒の学習が効果的に行われるときに、それはよい教育課程といわれるのである」と述べられている[7]ことに注目する必要がある。

　英語のcurriculumの語源は、ラテン語の競馬場のレース・コースを意味するものとされる[8]が、ラテン語のcurriculumには、1：The action of running, 2：A course of action, 3：A race, 4：A racetrack, 5：A chariot等の意味がある[9]。このことから、教育用語に転用された英語のcurriculumの第一義的意味は、子どもたちの学びのプロセスそのものであり、その学びをより効果的なものとするために意図的・計画的な学びのコース（何のために、何を、どのように学ぶのか）を整えることは、第二義的意味と捉えることができる。それゆえ本項で取り上げた定義の中では、1951（昭和26）年版学習指導要領で示された「学校の指導のもとに実際に児童・生徒がもつところの教育的な諸経験、または、諸活動の全体」という捉え方が、curriculumの本来の意味に最も近いものであり、先述した大嶋の「教育目的を達成するために教育機関が計画し、指導するいっさいの教育内容および児童生徒の学習活動のすべてを包含するもの」という広義の定義が、実際の教育活動におけるcurriculumの意味を端的に表現したものということができる。

（2）教育課程・指導計画・カリキュラムの関係

　学習指導要領には、教育課程という用語の他に指導計画という用語も用いられている。奥田真丈は、教育課程を「学校における全体をまとめていう場合に使う」、それ以外の「教科別や学年別等の別々の場合はいずれも指導計画と呼ぶ」と述べ、両者を区別している[10]。長尾彰夫は、奥田の記述を踏まえ、教育課程と指導計画の区分は管理・行政上の区分であるとし、「各学校が具体的に計画する教育活動の全体をカリキュラム」とすると述べ、3者の関係を図6-1のように表している。

　このように捉えた場合、「カリキュラムは非常に流動的で発展的なもの」となる。すなわち、学校における教育活動の計画過程と実施過程は別個の過程として存在するのではない。教育活動の構成―展開の過程において、両者は限りなく接近し、一体化する。教育活動の計画過程と実施過程という「2つの過程の一体化したものをカリキュラムとしてとらえる」ことが大切である。それゆえ、長尾は、カリキュラムを「教育活動の計画とその実施」と捉えるとともに、「子供たちの学習経験の計画であり実施である」と捉えている。なぜなら、具体的、現実的に発展するカリキュラムを考え、検討していくための基軸は、「一人ひとりの子供たちが具体的に取り組み、展開しようとしている教育活動にこそある」とするためである[11]。

　長尾のこの「学習経験としてのカリキュラム」という捉え方は、1951（昭和26）年版学習指導要領における「教育課程とは、学校の指導のもとに実際に児童・生徒がもつところの教育的な諸経験、または、諸活動の全体」であ

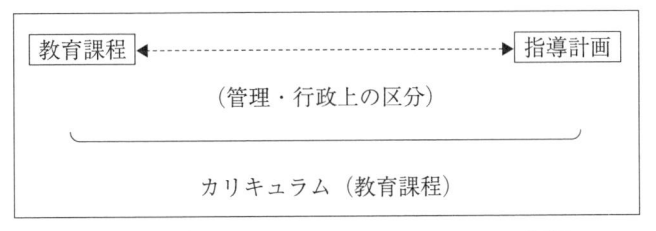

図6-1　教育課程・指導計画・カリキュラムの関係
（長尾彰夫『新カリキュラム論』有斐閣双書、1981年、p.11）

り、「教師は、（中略）児童・生徒とともに学校における実際的な教育課程をつくらなければならない」「学校における教育課程の構成が適切であり、教室内外における児童・生徒の学習が効果的に行われるときに、それはよい教育課程といわれるのである」という指摘と共通する内容を有している。「『何を教えるか』という知識の質や量の改善はもちろんのこと、『どのように学ぶか』という、学びの質や深まりを重視することが必要」であるとする今回の学習指導要領改訂の趣旨を踏まえて、教育実践に携わる者として、改めて教育課程とは何かを問う時、教育課程は教師と児童・生徒によってつくられるという1951（昭和26）年版学習指導要領の考え方を、今一度再確認する必要がある。

　以上の考察に基づき、本章では、教育活動の構成—展開の過程とカリキュラムの関係について、図6-2のように整理しておく。

　さらに、図6-2の計画としてのカリキュラムは、教育実践の現場においては、図6-3のような重層構造に基づいて、本時の指導計画まで具体化される。

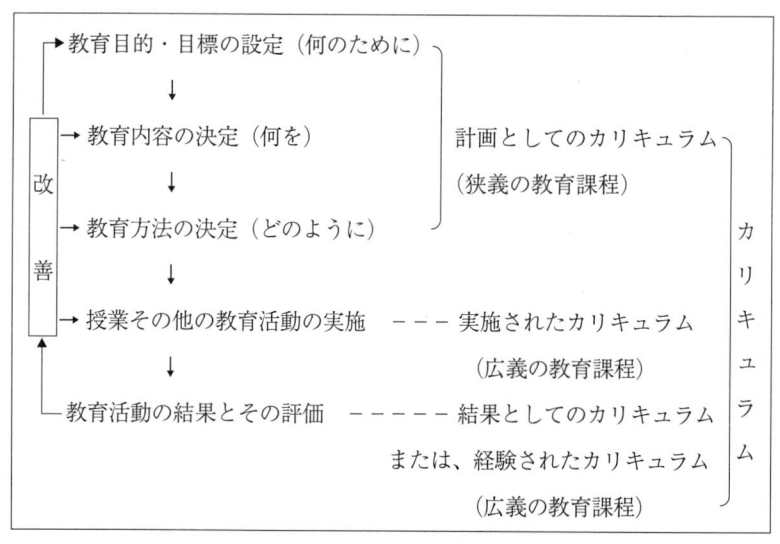

図6-2　教育活動の構成—展開過程とカリキュラム

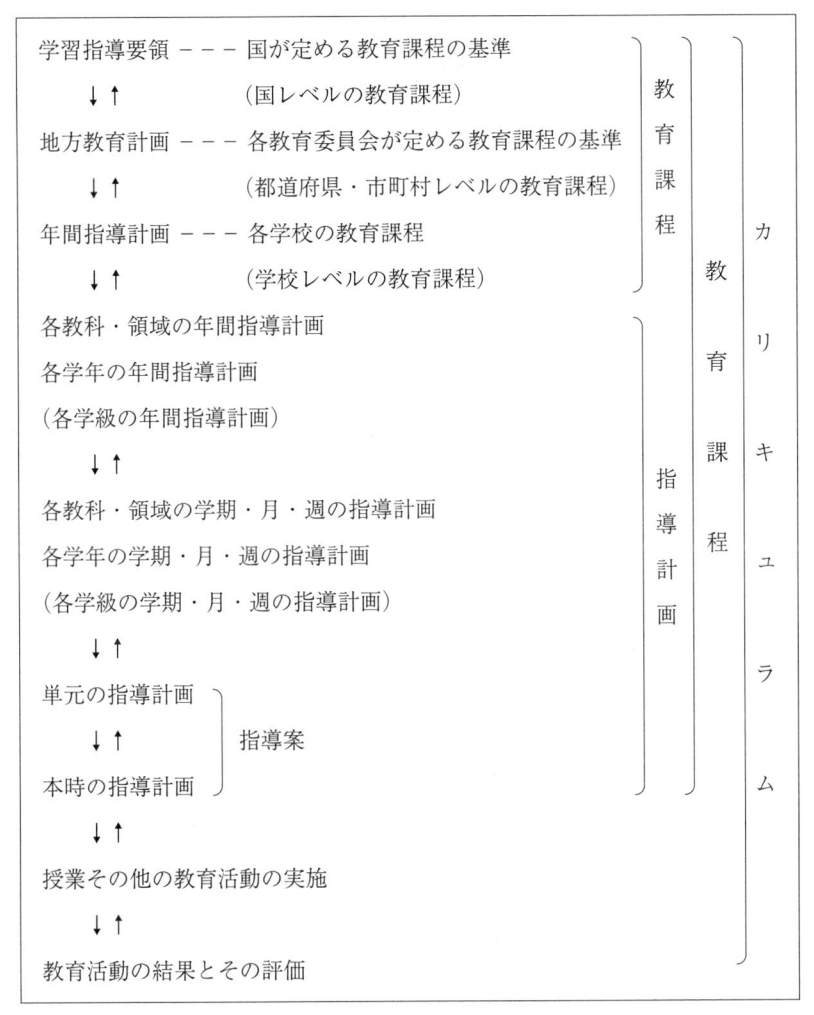

図6-3　教育課程の重層構造

　ここで、各学級の年間指導計画及び学期・月・週の指導計画を（　）で示したのは、学級担任制に基づき一部の専科を除くすべての教科及び教科外活動の指導を担う小学校においては、学級担任が両者を含む学級の教育活動全体としての指導計画を作成することが、両者の連携を図る教育実践上重要な

意味を持つのに対して、道徳や学級活動・ホームルーム活動等の一部の授業を除き教科担任が各教科の授業を行う中学校・高等学校の場合は、学級担任が両者の連携を意図した学級の教育活動全体として指導計画を作成することが困難なためである。

　今回の学習指導要領改訂にあたり、「教育目標・内容と学習・指導方法、学習評価の在り方を一体として捉えた」新たな学習指導要領の考え方が求められていることを踏まえ、教育課程が重層構造として成立する意味、各レベルの教育課程の教育実践における意義・役割とその相互関係を、教育課程のPDCAサイクルの具現化というカリキュラム・マネジメントの視点から捉え直すことが必要である。同時に、教育実践の場においては、教育課程は教育過程としてのみ成立する（教師にとっては教育活動の再構成の過程であり、児童生徒にとっては学習経験の再構成の過程である）ことを踏まえ、教育課程を教育活動と学習経験の相互作用の過程として意味づけ、カリキュラムとしての流動性・協働性を保障することが必要である。

（3）教育過程としてのカリキュラム

　田中統治は、教育過程とは「教授者と学習者がカリキュラムを介して相互に作用し合う場面」であるとし、次のように述べている。

　　　教育過程を教える側からみれば、それは教育知識を選択し伝達し評価するための一連の組織過程である。また、学ぶ側からみれば、伝達される知識を何らかのかたちで受け止めるための適応過程である。[12]

　カリキュラムの組織過程（教育活動）とカリキュラムへの適応過程（学習経験）はイコールではなく、両者の間にはズレがある。このズレに基づいて、教師と児童生徒が相互作用し合い、協働的な学習を成立させる過程が教育過程としてのカリキュラムの意味である。以下では、教育実践に直接関わる教育課程（指導計画）である指導案について考察する。

　「指導案とは教材研究すなわち授業の構想、計画がかたちになったもの」

と捉える宮原修は、指導案と実際の授業との関係を「実際の授業は指導案より大きいのがのぞましい」と述べている[13]。これはどういう意味だろうか。宮原は、武田常夫の教材研究の過程を分析し、次の5つの過程に整理している[14]。

① 一般的な作品・作家研究などと、これから教える作品（教材）の統合…文学研究（愛好）者として「学んできたこと」による統合

② 作品（教材）そのものの解釈…一人の読者として改めて「学ぶ」

③ 生徒の現在の力の分析…教材との関連で、生徒一人ひとりの現在の知力や技能、感情を「学ぶ」

④ 生徒の反応の予想…想像上の生徒として作品（教材）そのものを「学ぶ」

⑤ 教師のねがいの明確化…想像上の教師として「教えてみる」⇄想像上の生徒として「学んでみる」

　この過程を経て、「何を教え、何を教えないかが決定され」「到達目標が明確にされ、発問が考えだされる」、すなわち、計画としてのカリキュラム（狭義の教育課程）である指導案が作成される。しかし、指導案は、どんなに入念な教材研究を経て作成されたものであっても「よりましなもの」に過ぎない。別の言い方をすれば、教材研究の過程で複数の授業の構想が立てられ、その中から最終的に選ばれた仮の、そして未完の構想が指導案となる。教師は、指導案となった構想と指導案にはならなかった別の可能性を有する構想を持って、児童生徒に向き合い、最も重要な授業の中での学びに備えるのである。

　宮原は、武田の「ききながら、わたしは、自分がいかにも性急に、教師の気に入る結論を子どもから引き出そうと焦っていることに気づいたのであった。ここは、じっと待たなければならない」「〔子どもたちの意見を聞いて〕わたしは自分の解釈が、すっかりぐらついてきているのを意識していた。わたしは仕方なく質問のほこ先を変えなければならないと思った」という記述に基づいて、次のように述べている。

　武田は授業の最中にも、そして後にも「学んでいる」ことがわかる。武田は、実際の授業では、自分の教材研究をいったんかっこに入れ、一人の教師・人間として、生徒一人ひとりと、そして教材と新たな出会いをしている。自分の解釈や発問に対する、授業中の生徒の反応から、自分の解釈や発問を「学び直している」のである。教師としての自分を、子どもそのものを、つまりは人間を学び直しているのである。[15]

　すなわち、仮の構想としての指導案が、実際の授業における教師と児童生徒との相互作用（教育活動と学習経験の相互作用）の過程において、学びの協働的創造という実質を得て、実施されたカリキュラム、結果としてのカリキュラム（広義の教育課程）として結実するのである。武田は、次のように述べている。

　授業に生き生きとしたダイナミズムとか、ゆれうごきとかを生み出すためには、ただ、予定したことを予定したとおりに進めていくだけではどこかに不足したものが生まれてくる。現実は予想よりもはるかに豊饒であり、多様である。そういう現実を対象としてかかわりながらそれを変革し、くみふせようと意図したとき、教師はそこに人間としての豊かな知識や想像力のあらんかぎりを動員し駆使しなければならないことを思い知る。

　さらに、次のようにも述べている。

　この発言〔教師の予想を超えた発言〕をこれまでの授業が到達しえた一つの結晶点としてだいじにしたいとわたしは思った。授業とは、いわばそうした結晶点を生みだすための行為なのだとわたしは思う。追いこんで追いこんで、追いこみきったところに生まれる子どもたちの新鮮な思考との出会い。そうした思考展開のダイナミズムを保証するために、「追いこむ」という展開の手だてが必要なのだとわたしは思うのである。[16]

　武田のこれらの言葉は、計画としてのカリキュラムが、どのようにして実施されたカリキュラム、結果としてのカリキュラムへと結実していくのか、なぜそれが必要なのかということを端的に表しているのではないだろうか。これが、広義の教育課程を、カリキュラム、すなわち、「教授者と学習者が

相互に作用し合う場面」である教育過程として捉える理由である。

2．クロス・カリキュラム開発の必要性

　前述したように、2014（平成26）年11月の「初等中等教育における教育課程の基準等の在り方について（諮問）」では、「ある事柄に関する知識の伝達だけに偏らず、学ぶことと社会とのつながりをより意識した教育を行い、子供たちがそうした教育のプロセスを通じて、基礎的な知識・技能を習得するとともに、実社会や実生活の中でそれらを活用しながら、自ら課題を発見し、その解決に向けて主体的・協働的に探究し、学びの成果等を表現し、更に実践に生かしていけるようにすること」が必要であると指摘している。そのために、「育成すべき資質・能力を踏まえた、新たな教科・科目等の在り方や、既存の教科・科目等の目標・内容の見直し」を要請している。育成すべき資質・能力を明確化することによって学習指導要領の在り方を見直すという改訂の趣旨を踏まえ、髙階玲治は、「学校や教室の枠を超えた学習内容・方法が様々に展開される可能性がある」とした上で、「教科と総合的学習などとのクロス・カリキュラム的な学習活動も盛んになるであろう」と指摘している[17]。

　クロス・カリキュラムとは、「既存の教科や領域に、一つの共通のテーマを設定し、それを追究していくなかで、各教科を相互に関連づけ、ネットワーク化を図り、さらには教科の枠組みの組み替えや再構成をはかる[18]」教科横断的カリキュラムである。本節では、現行学習指導要領において重視されている教科等を横断した課題解決的な学習や探究的な活動の例として環境教育を取り上げ、クロス・カリキュラム開発の必要性について考察する。

　我が国の教育課程においては、「環境科」のような環境教育の核となる教科・領域は設定されておらず、各教科・領域の中で、それぞれの目標・内容と関わって扱われている[19]。環境に関する学習内容が各教科・領域に分かれて学ばれるということは、環境教育に対する間口が広く、各教科・領域の特

質に応じてどこからでもアプローチできるという利点がある一方で、各教科・領域の専門性という枠組みによって、学習内容が分断・分散され、個別的に扱われてしまう危険性がある。現在の環境教育においては、環境を全体として考えるべきであり、学際的なアプローチに基づき、環境に関心をもつことから環境問題の解決に向けて積極的に行動することが求められている。そのためには、各教科・領域及び課外活動の特質を踏まえながら、そこでの学習内容を相互に関連づけ、多角的な視点をもって環境に関わる総合的、包括的な問題意識を高めていくこと、また、それを児童生徒の日常的な生活実践に結びつけていくことができるカリキュラム開発を行うことが必要である。

『環境教育指導資料［幼稚園・小学校編］』では、環境教育を通して身に付けさせたい能力や態度として、①環境を感受する能力、②環境に興味・関心をもち、自ら関わろうとする態度、③問題を捉え、その解決の構想を立てる能力、④データや事実、調査結果を整理し、解釈する能力、⑤情報を活用する能力、⑥批判的に考え、改善する能力、⑦合意を形成しようとする態度、⑧公正に判断しようとする態度、⑨自ら進んで環境の保護・保全に寄与しようとする態度を挙げている[20]。これらの能力や態度は、現行学習指導要領が提起している「習得・活用・探究」という学習モデルに基づいてその形成が図られる。

すなわち、各教科・領域で習得した基礎的・基本的な知識・技能を具体的な課題解決の過程や日常生活の場面で活用する力を育成し、実際に課題を探究する活動を行うことによって、主体的な学習態度を形成する―環境問題に対する知識・理解とよりよい生活環境づくりに向けての行動の統一を図る―ことが求められている。このような能力や態度をより効果的に形成するためには、各教科・領域ごとの立割り構造のカリキュラムではなく、共通のテーマを追究する過程で、各教科・領域で学ぶ内容を「つなぎ」「発展させ」「まとめる」構造化されたカリキュラム、すなわちクロス・カリキュラムを開発することが必要である。

　環境教育のカリキュラムをクロス・カリキュラムとして編成するためには、カリキュラム・マネジメントの視点を踏まえ、以下のような手順を経ることが必要である。

① 　テーマを設定し、達成すべき学習目標を明確化する。

② 　設定されたテーマを追究するための学習内容の全体構造（クロスさせる各教科・領域の位置づけと相互関係）を検討する。

　・各教科・領域の学習内容の相互関連が示されているか。

　・各教科・領域の学習内容と日常生活との関連性が示されているか。

③ 　学習内容の全体構造に基づき、各教科・領域の関連性、発展性を踏まえ（スコープとシークエンス[21]）、系統的な学習計画を立案する。その際、次の点を考慮して、各教科・領域間に往還的関係を成立させることが必要である。

　・各教科・領域としての学習目標と環境学習の全体構造における学習目標との関連が示されているか。

　・各教科・領域の学習内容の相互関連が示されているか。

　・各教科・領域の学習内容と日常生活との関連性が示されているか。

④ 　各教科・領域で扱う学習内容を具体的な単元として構成する。

⑤ 　各単元で育てたい能力を明確にし、能力系統表を作成する。

⑥ 　能力系統表に基づき、評価の観点、評価規準を明確にする。

⑦ 　学習計画の中に、習得・活用・探究の場が保障されているか確認する。

⑧ 　学校生活の中に、児童生徒自身が環境に働きかける実践活動の場を設定する。

　上記の『環境教育指導資料［幼稚園・小学校編］』で提示されている9つの能力や態度には、下村文部科学大臣（当時）が諮問文の中で指摘する資質・能力のすべてが含まれている。我々自身の具体的な生活内容そのものを学習内容とする環境教育は、「習得・活用・探究」の学習過程全体を通じて、それらの資質・能力を意図的・計画的に育成することが可能である。クロス・カリキュラムの形をとって展開される環境教育は、子どもたちの問題意

識の発展に応じて、多様なかたちで各教科・領域における学習を「つなぎ」「発展させ」「まとめる」カリキュラムを構成することができる。その過程において、既存の教科・科目等の役割を改めて意味づけ、教科・科目等の枠組みの組み替えや再構成を含めた新たな学びの構築を図ることができる。以上の点から、新たな視点で構想される教育課程において、クロス・カリキュラムの考え方を積極的に取り入れることにより、子どもたちの「生きる力」をバランスよく形成し、新しい時代を生きる上で必要な資質・能力を確実に育んでいくことが期待される。

【注】

1）文部科学大臣　下村博文「初等中等教育における教育課程の基準等の在り方について」（諮問）、2014（平成26）年11月20日。
http://www.mext.go.jp/b_menu/shingi/chukyo/chukyo0/toushin/1353440.htm（2017年9月7日閲覧）

2）同上。

3）今野喜清「カリキュラム」『新教育学大事典2』第一法規、1990年、p.40。

4）元木健「教育課程の編成と研究の課題」扇谷尚・元木健・水越敏行編『現代教育課程論』有斐閣双書、1981年、p.1。なお、原典は大嶋三男『教育経営事典』（ぎょうせい、1973年）である。

5）文部省『学習指導要領一般編（試案）』明治図書、1951年、p.16。

6）同上書、p.76。

7）同上書、pp.76-77。

8）扇谷尚他前掲書、長尾彰夫『新カリキュラム論』（有斐閣双書、1989年）他、複数の文献に同様の記述が見られる。

9）"Oxford Latin Dictionary Volume 1" Oxford University Press, 2012, p.522.

10）長尾彰夫前掲書、p.10。なお、原典は奥田真丈『教育課程の経営』（第一法規、1982年）である。

11）同上書、pp.11-13参照。

12）田中統治「教育研究とカリキュラム研究―教育意図と学習経験の乖離を中心に」山口満編著『現代カリキュラム研究』学文社、2001年、p.24。

13）宮原修『教育方法　授業を見る目を養う』国土社、1991年、p.76、p.79。

14）同上書、p.104。武田常夫の教材研究の分析は、同書pp.92-107「武田常夫の教材研究を追体験する」で詳述されている。なお、原典は武田常夫『イメージを育てる文学の

授業』（国土社、1973年）。分析の対象となっているのは、小学校5年生の国語科で、志賀直哉作『清兵衛と瓢箪』の授業である。

15）同上書、pp.105-106。

16）武田常夫前掲書、p.206、p.214。

17）髙階玲治「次期学習指導要領改訂への胎動『育成すべき資質・能力』が中心課題」「教育新聞」2014年4月24日。
http://www.kyobun.co.jp/column/20140424_03/（2017年9月7日閲覧）

18）福田正弘「クロス・カリキュラム」山崎英則・片上宗二編集代表『教育用語事典』ミネルヴァ書房、2003年、p.155。

19）環境に関する学習内容が現行学習指導要領においてどのように扱われているかについては、安井一郎・秋本弘章「初等中等学校における環境教育—学習指導要領の検討」（『環境共生研究』第2号、獨協大学環境共生研究所、2009年3月、pp.47-59）を参照されたい。

20）『環境教育指導資料［幼稚園・小学校編］』国立教育政策研究所教育課程センター、2014年、p.33。

21）スコープ（scope）とは、カリキュラムをどのような領域、範囲によって構想するかということであり、シークエンス（sequence）とは、カリキュラムがどのような系統性をもって展開されていくのかということである。

第7章

教育実践と教育方法学

1．教育方法学の概念と意義

　教育の実践において、教育方法学は他の教育学の分野に比し、直接的にそして、多くの関係性を持つといってよい。そもそも教育というものは、広義の意味において人間が人間として自立していく過程（プロセス）において、無意図的、意図的な働きかけにより営まれるものである。これらの働きかけとしての教育という作用は、まさに広い意味において、教育の方法として理解されるのである。

　また、この教育方法が狭義において、さまざまな指導の方法を意味するものとして使用され、今日に至っている。すなわち、狭義の教育方法としての概念を持つものとして、学習指導（論）、生徒指導（論）、教授学、教授法などが挙げられる。

　その中でも、教育方法は一般的には児童生徒の教科の学習や、各領域の学習を中心に授業に重きをおいた教育方法を学習指導と捉えること、また、児童生徒の生活習慣をはじめ、態度を指導することに重きをおいたものを生徒指導と捉えることといった2つの概念を中心として論じられることが多い。

　本章においては、主として教育方法学を学習指導論の立場から述べること

とする。

　そもそも方法学（方法論, methodikos）という概念は、方法（methodus）を持っているもののみが、アートの堅固な知識を持っているとしたプラトン（Platon, B.C.427-B.C.347）の対話篇『パイドロス』で初めて現れるといわれている[1]。

　プラトンをはじめとする古代ギリシャの「方法」についての概念は、ルネッサンス時代に復活を遂げ、ヨーロッパにおける大学のコース構成の中心であった、文法、弁証法、弁論法のいわゆる三学を支配したものは弁証法（論理学）であった。この弁証法は教え方を教える教科であったといえるのである。

　1546年にフランスの人文学者であり哲学者のラムス（Ramus, P., 1515-1572）は『弁証法の訓練』を著しているが、この中で教授の方法の意味として「方法」という概念を使用している。

　さらに教授学という概念は、ラトケ（Ratke, W., 1571-1635）によって最初に使用されたが、この教授学という概念も「方法」の中においてすべての学問の教授を包括する学問として生まれたものである。まさにラトケは教授技術が自然に即したものでなければならないこと、すなわち、教材の性質と子どもの本性に応じたものでなければならないことを説いた最初の人物として位置づけられるのである。

　その後、教授学（Didaktik）の語はコメニウス（Comenius, Johann Amos, 1592-1670）によって教育学上の術語として慣用化するに至った。コメニウスによれば、教授学の語はあらゆる教授、及び学習の普遍妥当の方法を探究するということを意味していた。

　このようにラトケの教授学そして、コメニウスの教授学がその後の教授学発展の歴史の中で根本的基礎として位置づけられるのである。

　一方、我が国においての教育方法学の概念のさきがけは、ニーマイヤー（Niemeyer, A.H., 1754-1828）の「方法学」の概念に由来するライン（Rein, W., 1847-1929）の教育方法学を継承したことで、その特色ある教育方法学が

基盤となった。

　ラインはヘルバルト学派の代表的な教育学者であったが、彼の1890年の著作『教育学綱要Umriss pädagogischer vorlesungen』を能勢栄が翻訳することによって、実際には我が国に方法学という概念が初めて輸入され紹介されることとなる。ここでは方法学の内容として、教授通論と教導の理論を含むものとされている。このように我が国の教育方法学の概念はヘルバルト学派の「方法学」の影響を受け始まったということができるのである。

　学校における教師に焦点をあてて、教育方法学を考えてみることにしよう。学校における教育は基底として教師と児童生徒間の相互関係によって成立するものである。その実際をみてみると、学校教育において教師が児童生徒と直接的に関わるものの大部分は授業であるといえる。この授業において教師は職務上大きな役割を果たさなければならないが、その中心的存在は、まさに、教育方法学の領域である。

　教育方法学の歴史は古く、教育の内容をどのようにして指導するかといった問題が、教育学の重要な領域として今日も続いていることは周知の事実である。まさに、今日においても教師の力量を語る上では、教育方法学の領域が中枢を占めることとなるのである。

2．学習指導の形態

（1）学習指導の目的達成のための学習形態

　学習指導の充実と徹底を図るためには、さまざまな学習形態を考慮しなければならない。まさに、学習指導の目的の達成のためには、どのような学習形態がよいのかを選択することが重要なのである。

　この学習指導の形態については、これまでさまざまな分類がなされている。よく一般的に用いられる学習指導の形態の分類としては、学習集団の組織の観点からの分類であり、一斉学習、小集団学習、個別学習が挙げられる。一

方、学習指導におけるコミュニケーション形式の観点からの分類においては、講義法、問答法、討議法などを挙げることができる。

このように学習指導の形態については、どこに観点をおいてみるかによってさまざまな形態の分類がなされるわけである。

実際の学習指導の展開においては、学習指導を確実にそして効率的に進めることが重要であり、このためには先に述べた学習指導のさまざまな形態を十分吟味して選択したり、組み合わせたりして実際の授業に運用することが大切なのである。

（2）一斉学習

我が国においては学校教育が成立し近代教育の発展とともに、明治以降定着した学習方式が一斉授業である。この一斉学習の起源は、19世紀初頭のイギリスにおいて、ベル（Bell, A., 1753-1832）及びランカスター（Lancaster. J., 1778-1838）により開発された助教法、モニトリアル・システム（monitorial system）に求められる。

この助教法、モニトリアル・システムは大教室において授業を行う場合、一人の教師のほかにその教師の監督のもと、生徒の中から優秀な年長者を数名選び、モニター（助教）として任につかせ、それ以外の数百名の生徒たちに対して効率的に学習指導を行った。このことにより、生徒たちの学習内容の定着を図ることが可能となったのである。この助教法、モニトリアル・システムは一定の学習内容を同時に大量の生徒たちに教授できるという経済的観点からは合理的な教授方法であったので、近代学校教育の急速な普及・発展に大きく寄与することとなった。

このような歴史的起源を持つ一斉学習であるが、現代においても、一斉学習は学級全員を対象に、同じ学習内容を同じ時間に、同一に学習するといった学習指導の形態である。単純には教師が説明し生徒が聞くといった特徴を持ち、これまでみたように近代学校の成立から現代まで学習指導の基本的な形態であり、授業方法の主流である。しかしながら、現代においても基本的

で一般的な学習形態である一斉学習であっても問題点や課題も多い。

　第一に一斉学習においては、どうしても教師が中心になって一方的な授業に陥りやすく、このため子どもが受け身の立場になってしまい、子どもの自主的自発的な状況が生まれず、主体的な学びが形成されにくい。さらにこのことから学習の内容の理解についても知識偏重的傾向になり、思考力、創造力等の育成が課題として挙げられる。

　第二に一斉学習の最大のメリットとして挙げられる一定の内容について同時に同一の速度で教授できるといった合理的学習方法といった特徴は、学級の中の構成員である子ども一人ひとりの個人差に対応できないという側面を持つのである。厳しく言えば、学習内容は本当に一人ひとりの子どもたち全員に定着が図られたのかといった点においては、まったくもって保証されるものではない。

　実際の授業においては一斉学習を基本としながら、先に述べたように一斉学習の問題点や課題を明確にして、他の学習形態を導入することや一斉学習の展開そのものにさまざまな工夫を行うことによって、一人ひとりの子どもの主体的な学びを実現することが必要である。

（3）小集団学習の理論と課題

　ここでいう小集団学習とは、小集団に基づく学習形態をとるものであり、グループ学習、協同学習、バズ学習などが導入されている。一般的に、小集団学習は一学級をいくつかのグループに分け、そのグループという小規模な集団の中で、教師と子ども、子どもたち同士が信頼関係の構築をもとに、率直に話し合ったり、互いに協力、協同し合ったりして学習が進められるという特徴を持っている。

　この小集団学習の意義は、子どもたち全員の学習活動への参加の度合いが高まり、このことによって集団思考が促進され、話し合いの中での多様な意見を交換することによってより高い確かな思考につながっていくことである。

　さらには、小集団での協力や協同の過程を通して学習の動機づけが高まり、学習意欲の増大がみられる。

　しかしながら、以上のような多くの学習効果が期待される反面、教師の指導力が伴わないと、学習内容の習得に問題が起こったり、グループの間で学習到達度に大きな差が生じたりといった状況も考えられる。これらの課題に十分に配慮することが必要である。

（4）個別学習の理論と課題

　個別学習は一斉学習が持っている画一性を中心とした欠陥を超克するための学習形態として導入されたものであり、特に子ども一人ひとりが持っている個人差に着目し、その一人ひとりの子どものよりよい学習の成立により、積極的に関わる学習形態である。

　これらの個に応じた指導においては、子どもたちの学ぶべき学習内容は全員共通で指導方法が一人ひとり異なるケースと、子どもたちの学ぶべき学習内容もその指導方法のいずれも異なるケースの二つの指導に大きく区分される。一般的に、その前者を「指導の個別化」、後者を「学習の個性化」と呼んでいる。もう少し深く掘り下げてみると、この「個性化」と「個別化」は必ずしも、明確な概念、意味規定が示されず、研究者の間においても多少の差がみられるのも事実である。ここでは、「個性化」を教育の目的概念として捉え、まさに人間形成に準ずるものとして位置づけ、その個性化といった目的の実現のために行う教育行為について「個別化」といった方法、目的実現のための手段的概念と捉えたい。したがって「個別化」は「個性化」を目的とした個別学習という学習形態として位置づけられるものである。

　個別学習は個人差に着目した学習形態であるが、具体的には、どこに着目するかによって、さまざまな学習方法が示されている。学力に応じて指導を変えたり指導方法と子どもとの相性に着目していわゆる適正に応じたり、それぞれの子どもの興味・関心に応じたりとさまざまな個別学習の主張がみられる。

　このように個別学習は、習熟度学習をはじめとして多くの学習が実際の授業において展開されているが、長所も多く、個性の伸長に寄与している中で、いま一つ子どもたちが集団の中で学んでいるという全体的視野も十分考慮されることが必要である。まさに学校教育という集団で学ぶことの重要性を基底に据え、学びをより充実したものにしなければならないのである。

3. みんなで学ぶことの意義

　近年の学校教育を軽視する一因として、効率的かつ個別対応のしやすい塾産業や家庭教師などの活用が考えられる。そこで、学校や学級で学ぶことの意義について再考し、教育実践に役立つ教育方法を取り上げることにする。

　子どもにとって学校や学級とは、人生について学び社会性を身につけるためにさまざまな人々と出会う場所である。また子どもの既有の知識や経験が、多様な人間と対象（モノ・コト）と出会うことを通してつくり直される場であり、その機会が豊富に存在するのが学校や学級である。子どもは登校から下校まで、日々のあらゆる学校生活を通し、多様な人間と対象に関わりながら生涯にわたっての主体的な自己学習の能力や意欲を身につけるのである。

　そうした意味において、教師は知識よりも生きて働く知恵を大切にすべきであり、教えることよりも子どもが深く知ろうとする意欲を援助し導いていくことが重要であると考える。近年の学習理論は、ガーゲン（2004）に代表される社会的構成主義（人々の間の社会的な相互行為を通じて構成されるもの）という考え方が主流であり、知識はヒト・モノ・コトとの関わりの中で構成され、学校や学級でも求められている。

　次に教育実践と教育方法を論じるにあたり「学ぶ」について考えてみたい。佐伯（1995）は、学ぶとは「本人が主体的に自分から学ぼうという意志をもってなんらかの活動をするというのが自然な解釈」[2]とし、また人は学びがいを求めて学ぶものとして考察している。その学びを「対象との対話的実

践」「自己内の対話的実践」「他者との対話的実践」[3] といった３つの実践と捉えた上で、この３つの対話的実践を学習指導の中で相互に関連させ発展させる重要性を示し、学習の定義を文化的実践への参加としている。

　社会構成主義に基づいた学びは、自分のアイデンティティや社会・世界との関係をつくり、子どもの側から再定義・再構成していく活動である。単に知識を量的に蓄積することではなく、他者との関わりを通して、対人的な相互作用を基礎に、仲間とともに対象の意味を解釈し、創造しながら再構成していくことである。効率的に学びたいことを学べる塾や個別指導の家庭教師と学校や学級での学びとでは教育方法が質的に異なり、学校での学びは社会的な関係の中で学びが成立しているのである。

　以上を踏まえ、学校での「学び」とは、主体である学習者が自分一人で行うことではないことがわかる。では、学校での教育は学習の主体である子どもたちに対し、どのような方法が学びを促進することができ、何を、いかに実践することが求められるのであろうか。教師の主たる役割である教育に触れず、方法論や実践例を羅列することは本末転倒であるため、表7－1に代表的な先人たちの教育の定義や概念を示す。

　英語やドイツ語の「教育する」という言葉の元来の意味は何かを引き出すことであり、人間性の根底に存在する自発性を引き出し、社会的存在として生きていけるように支援することが教育である。教育するためには、子どもの学びを促進し発達を援助する実践、つまり教師を含む他者からの意図的な働きかけが重要であり、人間と人間の関わりや対話において「教え」と「学び」が相互に関係して成立すると考える。

　また教室で行われる教育において対話を繰り返した結果、知識やコミュニケーション能力等が個人において形成され身につくとして、本心からのことばを発する機会や場を与えられるような対話学習が重要視されている。その一方で、対話学習を導入しても深みがあり、生産的で知を社会的に構成する対話につながらないと警鐘が鳴らされていることも忘れてはならない。子どもが主体である「学ぶ」ことと、教師の役割である「教育」を踏まえ、子ど

表7-1　教育の定義・概念

	教育とは
カント	人間が人間になることである
パウンゼル	年長の世代から次の世代への文化財の伝達のことである。若い世代を組織的に社会化すること
ルソー	子どもは自ら学び、自ら自己を展開していく。教育は子どもの可能性を引き出す営み
デューイ	経験の意味を付加し、次の経験の進路を方向付ける能力を増大させる経験の再構成ないし再組織
シュプランガー	所与の分化を通過させることが、純粋な文化意志一般を呼び覚ますための一手段にすぎない
レスター・スミス	教育は、定義できるようなものではない
佐伯胖	学びながら教え、教えながら学ぶという人間の営み
佐藤学	文化の伝承と再創造の過程を組織して、子どもの学びを促し発達を援助する実践である
岡田敬司	人間の成長発展を促す他者からの意図的な働きかけ

もたちみんなで学ぶためには、教室は教師からの一方的な教え込み型空間ではなく、仲間との関わりから学びが起こり、子ども自身が自己を形成する空間である必要があると考える。

　以上を踏まえ、子どもたちみんなで学ぶためには、教師自らが授業や行動をふりかえり、子どもへの共感性を高め、教育の現代的な在り方を模索することが前提であり、行政が受験を前提とした教育制度から脱却し、教師と子ども、教師同士等のコミュニケーションの時間の保証をすることが必要であると考える。そうした教育の不易と流行の実践をもとに、人間性の根底に存在する自発性を引き出す教育方法として、他者との関わりや相互作用に力点を置く協同学習や体験学習について次に考えることにする。

4．協同学習と学び合う共同体

　最も簡単な協同学習の定義としては、スミス（1996）の「小グループの教育的使用であり、学生が自分自身の学びと学習仲間の学びを最大限にするために共に学び合う学習法」[4] がある。これは協同学習の実践家であるジェイコブズらの「効果的に一緒に勉強するのを手助けするための原理と技法」[5] という定義を支持している。協同学習とは、共に学ぶ仲間のさらなる成長を追求しながら学び合い・支え合い・高め合い・認め合い・励まし合う学習活動であり、その有用性は、仲間との意見交換により個人の理解が仲間の視点から吟味され、仲間の視点を通すことで理解が拡大と深化することである。日本の協同学習の進め方はジョンソンらによって開発された協力学習法が最も近く、「肯定的相互依存関係（互恵的な協力関係）、個人の役割責任、促進的な相互作用、社会的スキル、グループによる改善手続き）」[6] の5つの基本的要素が不可欠とされている。

　学びの共同体は佐藤学が提唱した概念であり、デューイの探究共同体の概念を基盤に「双方向対話的な循環」[7] を特徴としている。学校は学びを中心に組織され、教師を含む学校内外の人々と連帯して探りつづけ、大人と子どもたちが育ち合う共同体の役割もある。学びの共同体における学びとは、自分らしさを発揮しながら対象世界や自己や他者との対話とそれによる関係性の再構築することである。教室は多様な人間と対象を通して相互に尋ね合い、学び合う姿勢や関係をつくる空間であり、双方向対話的な循環資源が豊富である。教師も子どもとの対話を通して価値観や関心などを共有し、探究しながら子どもと共に学ぶことが可能である。

　以上のことから、協同学習、及び学びの共同体は、他者との関わりや相互作用のもと、話し合い、聴き合い、支え合いながら学ぶものでもあると考える。

5．体験の必要性

　文部科学省は体験活動の教育的意義として、豊かな人間性、自ら学び、自ら考える力などを生きる力の基盤とし、子どもの成長の糧としての役割を期待している。つまり、思考や実践の出発点あるいは基盤は、体験にあるとしている。しかし、その生きる力の基盤としての体験が減少しているために教育上の問題が発生し、体験の増加が求められているのである。

　体験とは、体（五感）を通して得られる直接的な経験のことであり「身体的活動や直接経験によって引き起こされる主観的な感情や意識のこと」[8] を指し、主観性・感覚性・感情性・個別性・全人性などの特色がある。体験は直接体験と間接体験に大別でき、「直接体験とは手など身体を用いて事物や現象に直接触れる活動を通して意識化する体験であり、間接体験とは事物や現象に直接触れることなく、その代替的な媒体を通して意識化する体験」[9] となる。

　直接体験の中で、五感を通して自然の事物や現象に直接触れる活動によって意識化する体験を原体験といい、これは、直接的な教育的意図や方向性を持つものではなくあらゆる方向性を持ち、8つの体験に分類される（表7-2）。原体験は学校教育の基盤にもなり、その延長上にある自然体験のねらいは表7-3の通りである。

　体験の減少や喪失は、子どもの認識の過程を歪めることになる。子どもの認識過程は、ペスタロッチ以来、直観（体験）→思考（概念化、知性）→実践（表現、行動）として図式化され、感覚的に外界の事物や事象を捉え、特に五感による知覚を体験としてきた。この感覚的に捉えてきたものを概念化し、科学的・合理的・法則的に捉え直すことが知性となり、その概念を用いて社会生活を豊かにする。これが自己を高めて初めて学んだということになり、知識と生活との再結合により行動となる。一方で、認知心理学の進展等により、子どもの認識の過程は先述のように単純ではないことがわかっている。

表7-2　原体験の分類

原体験の類型	具体例
火 体 験	火を起こす・ものを燃やす・熱さを感じる・煙たさを感じる・草原の火入れ・焼く・煮炊きする
石 体 験	石を投げる・石を積む・綺麗な石を探す・石で書く・火打石で火を起こす・石で砕く・石で削る・石で剥ぐ・石で切る・石で粉にする
土 体 験	ぬくもりを感じる・土を掘る・土をこねる・土器を作る・田畑を耕す
水 体 験	雨に濡れる・自然水を飲む・浮かべる・海や川で泳ぐ・川を渡る・水で物を混ぜる・水で洗う・水で滑らせる
木 体 験	木に触れる・木の臭いを嗅ぐ・木の葉、実を集める・棒を使いこなす・木、竹、実でおもちゃを作る
草 体 験	草むらを歩く・草を抜く・草をちぎる・草の臭いを嗅ぐ・草を食べる・草で遊ぶ
動物体験	捕まえる・触る・臭いを嗅ぐ・飼う・声を聞く・食べる
闇 体 験	星空を眺める・夜行性動物の声を聞く・野宿する・闇で物を探す・闇夜を歩く

（小林辰至「原体験を基盤とした科学的問題解決学習のモデル化に関する研究」2000年、p.15。一部筆者によって加筆・修正）

表7-3　学校教育における自然体験のもつねらい

自然に対する鋭敏な感覚（五感による情報化能力）を育てる
自然への興味・関心・意欲を広げ、その美しさ、大きさ、不思議、恵み、恐ろしさなどを感じとる
自然への豊かなイメージ（想像、発想、アイデアなど）を描く
自然現象についての問題解決の能力および技能（問題発見予想、観察・実験、データ処理、結論、応用など）を育てる
自然現象についての具体的で科学的な見方や考え方をもつ
自然にふれ、気分を転換したり、身体を鍛えたり、健康を維持したり、自然への接し方を学んだりする
自然の中での安全な行動の仕方、集団での行動の仕方などを学ぶ

（人間教育研究協議会編『自然を体験する』金子書房、1991年、p.2）

例えば、生活の知識から概念へと一方的に深めるものではなく、生活の中での体験と科学的・法則的な概念を往還しながら思考を深めていくとされている。しかし、子どもの認識の過程において基盤をなす体験が、生活様式の変化の中で衰退しているのである。

　学校教育は、子どものさまざまな体験や感覚的な知覚を土台として、体験を科学的・合理的なものの考え方の概念に置き換える場であり、意図的・組織的に設けられたものである。しかし、体験の減少や喪失は、子どもがいきなり概念や理屈から学ぶことにつながり、抽象的で実感が湧きにくくなっていると考える。本物を知らないことは真偽を見分けられず、教科書を暗記する受動的学びとしかならない。そのため、抽象的かつ受動的で暗記主義の学習では学ぶことに対する喜びは期待できない。だからこそ、子どもの体験を土台にして考え、判断して行動し、自己責任をもつという価値選択能力、実践力、行動力を育み、さらに自己指導力として自分を将来へ方向づけ、生きる力としていかねばならないのである。体験が学校教育全体の中で果たすべき役割は大きい。一方、無藤（1994）は、体験が心理学的・教育学的に議論されていないと指摘した上で、体験と教育との接点についてまとめ、体験的な学習の必要性を示唆した（表7-4）。また、参考として、体験の教育的意義について表7-5に示す。

表7-4　体験が教育と関わる点と体験的な学習の必要性

体験が教育と関わる点	体験的な学習の必要性
子どもはその対象に全人格的に関わるということ	積極的な意欲の喚起
体ごとで関わるということ	体験の中でおもしろさを発見できる
体験を通じて、生活の場に入り込むということ	体験を通して問題を発見する力を養うことができる
自然の場に入り込むということ	意義深いエピソードとの出会い

（無藤隆『体験が生きる教室』金子書房、1994年、pp.4-6、pp.9-11。筆者によって一部修正）

表7-5　体験の教育的意義

感覚や体験は、思考や認識の唯一の、確かな基盤である
自然体験、遊び、仕事、奉仕などの体験は、基礎的な人間陶冶に欠かすことができない
体験学習では、「なすこと」と「考えること」が一体となって働く
学習への関心・意欲を高め、学習の満足感や成就感を体得させる
学習者一人ひとりが主体的に追求し、自分との関わりの中で課題を見いだし、解釈する能力を養う
知識を統合し、活用して生きた知識として定着させる
学習を通じて人と協力する態度を養い、個人の役割と責任を自覚させる

（山口満編著『子どもの生活力がつく「体験的な学習」のすすめ方』学事出版、1999年、p.13。筆者によって一部修正）

　以上より、学校教育に体験を導入することは、子どもの意欲をかき立て、新たな認識を形成するものであり、教師中心の定型的な一斉授業の方式を変えていくきっかけにもなるといえる。教室の中に体験を入れることにより、教師が一方的に授業を展開するのではなく、子どもたちの主体性を尊重した上での双方向的な授業展開が望まれる。教育課程に則った授業のよさと子どもが主体性を発揮できるような体験のよさを相互に活かす工夫が必要であると考える。

6．体験学習の再考

　体験学習とは、学習者が観察・調査・見学・飼育・勤労・奉仕などの体験活動を通じて学習者の感覚機能を使いながら対象に直接はたらきかけ、そこから事実や法則を習得する学習方法の一つである。山口（1999）は、身体的活動や直接経験によって引き起こされる「主観的な感情や意識を基盤あるいは素材として成立する学習」[10] であると定義している。つまり、体験活動を通して、あるいは基盤にして行われる学習であり、体験することで得られる

感情や意識をもとに知を生成していると実感できる学習でもある。ここでいう体験活動とは直接的な経験を内容とする活動のことであり、体験的な活動とは体験活動よりも広い範囲の活動を含んでおり体験学習よりも緩やかで広い概念である。以下に体験活動の分類と例（表7－6）、体験から体験的な活動までの概念イメージ（図7－1）を示す。

　学校生活での体験活動の実施には人的・物理的な難点もあるが、総合的な学習の時間は既存の教科等の枠を超え、横断的・総合的な学習で体験学習といえる。体験学習について森山（1999）は、「単に体験の広がりを問題にするのではなく、体験の深まりがなければ真の体験学習とはいえない」[11] としている。

表7-6　体験活動の分類と例

体験活動	例
生活・文化体験活動	放課後に行われる遊びやお手伝い、野遊び、スポーツ、部活動、地域や学校における年中行事
自然体験活動	登山・キャンプ・ハイキングなどの野外活動、星空観察や動植物観察といった自然・環境に係る学習活動
社会体験活動	ボランティア活動や職場体験活動、インターンシップ

（中央教育審議会答申「今後の青少年の体験活動の推進について」2013（平成25）年1月）

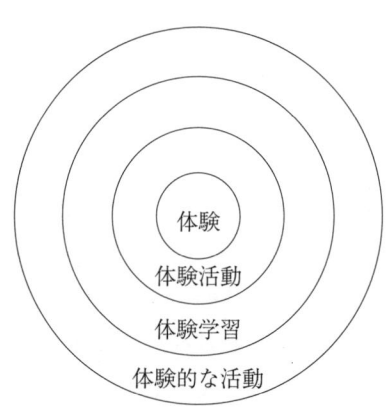

図7-1　体験から体験的な活動までの概念イメージ

　また体験を深化させるためには「主観主義的側面と客観主義的側面（真理、価値など）とを同時に成立させることが必要である」[12]と指摘している。ここでいう主観主義的側面とは、子どもの自己活動を最大限に生かすことであり、客観的主義的側面とは、事物に宿された原理、法則を子どもが全力を集中して取り入れることである。体験活動を通じて子どもが客観的主義的側面と出会い、すべてを傾けて陶冶財（教材）の理解に打ち込み、陶冶財理解の達成感、成就感、充実感を味わわせることが重要になってくる。つまり、体験活動に期待されている自ら学び、自ら考える力を育てる理論とは、学習の能力・方法などを育成、習得させるための理論とも考えられ、学習内容の習得と学習の能力、方法等の育成、習得とを同時に行い、統合されるべきなのである。

　ここで体験と類似した概念の経験（表7-7）は、図7-2のように図にまとめることができる。相違点についても表7-8に示す。その上で体験学習と経験学習の共通点は、体験や経験から学ぶ循環プロセスとし、相違点を表7-9のように、構造とふりかえりのプロセスからまとめることができる。

　経験学習は「個人が社会的・文化的な環境と相互作用するプロセスであり、人間の中心的な学習形態」[13]とされ、コルブは経験に基盤を置きながら連続的かつ変換的な過程であるとしている。その経験学習の源は原体験であり、漸次、体験活動→体験学習→経験学習になっていく（図7-3）。

　体験と学習の関係性は密接に結びついたものであり、社会心理学や体験学習の第一人者であるレヴィンやデューイの研究は、コルブの体験的学習モデル（図7-4）に影響を与えている。このモデルは野外教育の中の冒険教育

表7-7　体験と経験の概念

体験する	経験する
個人の主観的な感情によって、体験者固有の主観的な出来事を表明する概念	より現実に密着しており、経験される物事の事実性、客観性に注意が向けられた概念

（市村尚久、早川操、松浦良充、広石英記編著『経験の意味世界をひらく』東信堂、2003年、p.59）

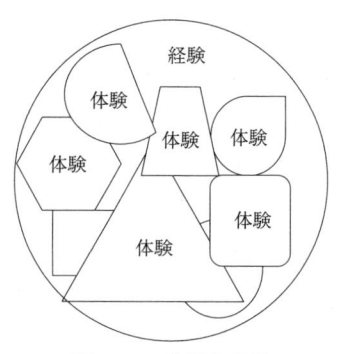

図7-2　体験と経験

表7-8　体験と経験の相違点

体　　　験	経　　　験
蓄積されるものではない	経験を積むことでそのことを熟練し、熟達した技量を身につけることが可能
「浅い・深い」の深度がある	「経験が浅い」はあるが、「深い経験」はない
「体験則」という言葉はない 規則性を含むイメージはない	「経験則」という言葉はあり、規則的なものを含む
経験の一様相であり、特に「身体」に関わる経験を指し、「体」による経験 身体をもってする契機に力点が置かれている	やってみたら結果として得られる知識や技能までを含む
実際に身をもって経験すること。また、その経験	実際に見たり、聞いたり、行ったりすること。また、それによって得た知識や技術
個人的な感情により体験者固有の主観的な出来事を表す概念	現実に密着して、経験される物事の客観性や事実性に注意が向けられた概念

表7-9　体験学習と経験学習の相違点

相違点	体験学習	経験学習
構　　造	一定のプログラムやカリキュラムのように構造化された中で学習を促進することが多い	日常的に経験することすべてが対象となるため、構造化されていない学習
ふりかえりのプロセス	体験から得られるプロセスデータの観察に重点	省察的・内省的にふりかえることに重点

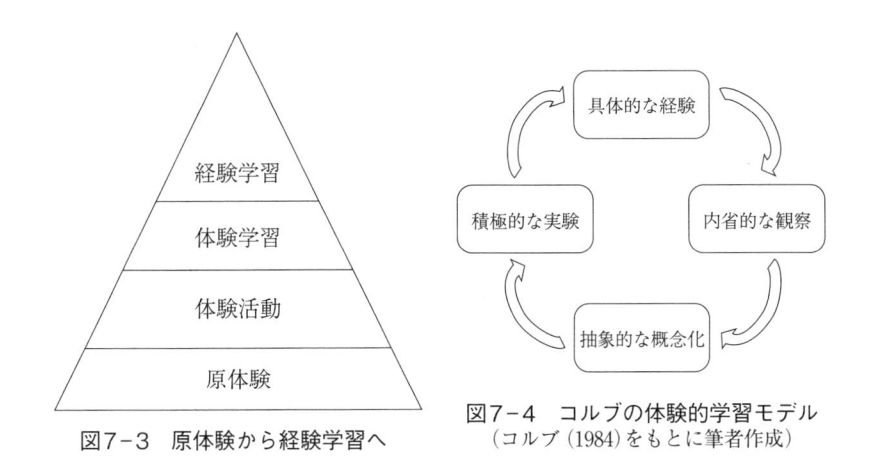

図7-3　原体験から経験学習へ

図7-4　コルブの体験的学習モデル
（コルブ（1984）をもとに筆者作成）

（PA・TAPなど）や環境教育、自然体験活動などでも活用されることが多い。

　コルブの体験的学習モデルは、図7-4のように4つのステージ・サイクルから構成され、「具体的な経験」をした後の「内省的（反省的）な観察＝ふりかえり」が最も重要であると考えられる。この「ふりかえり」という思考活動は、学習活動中は常に行われる営みであり、次の行為の在り方を判断し意思決定する営みでもある。「ふりかえり」という思考活動によって自らの体験に基づいた物事への考え方や見方、信念などを創出し、それらを用いて新たな状況に応用・転用を行い対応しようとするのである。これによって体験が質的に充実して深まり、真の体験学習になっていくのである。ただ単に体験活動の量を増やすことでは「体験あって学ぶものなし」に陥ってしまうのである。

　図7-5の体験学習法BACKLは筆者のファシリテーター経験から考案したものである。これは認知療法モデルや行動活性化モデルを参考に、まずは積極的に行動を起こすことを重視し、そこで何かに気づき心を動かされて認識していくことを推奨するものである。そして、その結果として得た生きた知識や知恵を実生活へ応用・転用するものである。ふりかえりは、コルブの体験的学習モデル同様にどのタイミングでも可能である。これは、ショーン

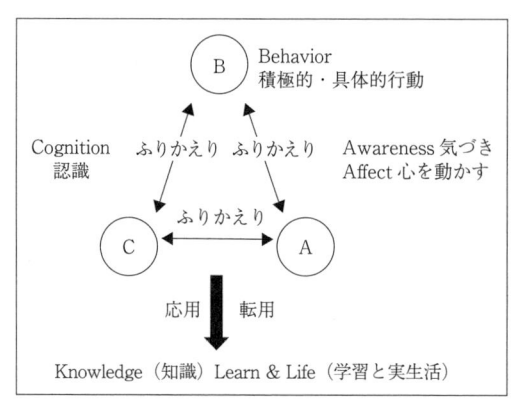

図7-5　体験学習法 BACKL

（2001）のいう「行為の中の省察」[14] で、体験学習にとって重要である。

　近藤（2010）は「体験や経験の共有が先にあり、その後で、あるいはそれと同時に感情や意志の共有が生じる」[15] とし、感情から行動が生じるのではなく、行動から感情の変化が起こるという考え方が体験学習に大きな影響を与えているとしている。これについては、事前の計画や話し合いに膨大な時間を費やし過ぎて行動に移らず、試行錯誤や失敗体験すらできずに終了時間を迎えるケースに警鐘を鳴らしているともいえよう。

　よって、体験学習は、机上の学習では得ることのできない「知」を得ることができる。表7-10は、体験学習によって得られやすい「○○知」をまとめたものである。「○○知」とは表現される用語の一部で、体験学習によって得られやすい「知」は、「暗黙知・方法知・体験知・経験知・実践知」であるとされている。

　しかし、体験学習のみで得られる知だけを推奨している訳ではない。体験学習によって得られる「知」と統合させたい「知」として、教室などで学ぶことで得る「形式知・内容知・学校知」を基盤に、学んだことを体験や実践の事実から作り変え、応用・転用する力をも養うことが重要である。「なすことによって学ぶ」とは、なすことで初めて人は知ることができ、知ること

で初めて学ぶことができるということなのである。これについてはレヴィンの「理論なき実践は盲目であり、実践なき理論は空虚である」という名言からもいえる。

　理論と実践の往還の重要性は誰もが認識しているが、同時に難題でもあり、それを追求し続けることが教育実践と教育方法の使命でもあろう。理論は研究者に任せ、実践は現場の教師に委ねるという関係ではなく、互いに学び合

表7-10　体験学習によって得られやすい「○○知」

形式知	単一的に教材や資料を記憶したり理解したりすること	石川英志編著『教えることをどう学ぶか』あいり出版、2011年、p.166
内容知	「実質的陶冶」に教育的価値をおいた授業。科学的知識・技能の習得や概念・法則の理解、特定の技術の習得などを重視	古藤泰弘『教育方法学の実践研究』教育出版、2013年、p.128
学校知	「学業に関する知能、学校の秀才がもつ知能」のこと	金井壽宏、楠見孝『実践知』有斐閣、2012年、p.5
暗黙知	文字や言葉で表現できにくい自己内面的に感じたりすること	石川英志編著『教えることをどう学ぶか』あいり出版、2011年、p.166
方法知	「形式的陶冶」に教育的価値をおいた授業。探究の方法や探究心（態度）、法則などの発見の方法、問題解決の方法などを重視	古藤泰弘『教育方法学の実践研究』教育出版、2013年、p.131
体験知	子どもの「体験」を重視。五感によって内面化される感動や感情を大切にし、豊かな「感性」を育てるのがねらい	古藤泰弘『教育方法学の実践研究』教育出版、2013年、p.132
経験知	その人の直接の経験を土台とし、暗黙の知識に基づく洞察の源になり、その人の個人的信条と社会的影響によって形づくられる強力な専門知識で、数ある知恵の中で最も深い知恵	ドロシー・レナード、ウォルター・スワップ著、池村千秋訳『「経験知」を伝える技術』ダイヤモンド社、2013年、p.16
実践知	「ある領域の長い経験を通して、高いレベルのパフォーマンスを発揮できる段階に達した人」のことを熟達者とし、熟達者がもつ実践に関する知性のこと	金井壽宏、楠見孝『実践知』有斐閣、2012年、p.4

い、協同しながらそこに発生する課題や葛藤などを自らの理論と実践に結び付け、螺旋状に発展させながら理論と実践を往還させる関係が必要であると考える。

　教師は、複雑で知性的な実践において高度の省察と判断をすると同時に、経験によって培われた技と知恵によって教育実践を遂行することが求められている。また子どもの人間性の根底にある自発性を引き出すために、教育に関わる専門家として知識や理論に裏付けられた確固たる基盤の上で、経験から獲得した技術や知恵を巧みに発揮できる職人技も兼ね備えたいものである。そのためには多様な分野の研究者や現職教員が建設的な対話や討議を重ね、研究を続けることが重要である。

　老子の「授人以魚不如授人以漁」は、「人に魚を与えれば、一日の糧となる。人に魚を捕ることを教えれば、一生食べていくことができる」を意味しているが、「How to」ものばかりが教育界をはじめ世間にはびこっていると考える。知識を与え、答えを記憶させ、好成績の取り方を教え込むことから、友達や教師との豊かな対話のもと、関わり合い、支え合い、試行錯誤を繰り返しながらみんなで学び合う学級をめざし、子ども自身で行き先を判断し、実行できるように支えながら導く「支導」[16]が教育実践に求められているであろう。つまりは、形式知に加え、体験による実感の伴った「What？」や「Why?」を探究する教育方法が必要である。教育の実践者として教育方法を考える際に、時代を超えて変わらぬ価値あるもの（不易）と、時代の変化とともに新たな価値を加えて改めて認識するもの（流行）を統合する努力と向上心を忘れてはならないだろう。

【注】

1）Gilbert, N.W. (1960) Renaissance Concept of Method, New York: Columbia University Press, 3-4.
2）佐伯胖『「学ぶ」ということの意味』岩波書店、1995年、p.3。
3）佐伯胖、藤田英典、佐藤学編著『学びへの誘い』東京大学出版会、1995年、pp.73-74。

4）E.F. Barkley, K.P. Cross, & C.H. Major著、安永悟監訳『協同学習の技法』ナカニシ
ヤ出版、2009年、p.5。

5）安永悟『活動性を高める授業づくり』医学書院、2012年、p.67。

6）ジョンソン, D.W., ジョンソン, R.T., ホルベック, E.J., 杉江修治他訳『改訂新版 学習
の輪』二瓶社、2010年、p.9。

7）杉原新晃「大学教育における『学習共同体』の教育学的考察のために」『京都大学
高等教育研究』第12号、2006年、p.166。

8）山口満編著『子供の生活力がつく「体験的な学習」のすすめ方』学事出版、1999年、
p.11。

9）小林辰至「原体験を基盤とした科学的問題解決学習のモデル化に関する研究」『兵
庫教育大学大学院連合学校教育学研究科平成12年度博士論文』p.14。

10）前掲書7）、p.11。

11）森山賢一「体験学習に関する研究—その歴史的考察と現代的展開—」『教育実践学
研究』第3号、1999年、p.29。

12）同上。

13）松尾睦『経験からの学習』同文舘出版、2006年、p.62。

14）ドナルド・ショーン著、佐藤学、秋田喜代美訳『専門家の知恵』ゆるみ出版、2001
年、p.87。

15）近藤卓『自尊感情と共有体験の心理学』金子書房、2010年、p.114。

16）工藤亘「teachers as professionalsとしてのtap—『指導者』と『支導者（ファシリ
テーター）』—」『教育実践学研究』第16号、2012年、p.42。

第8章

教育実践と学校心理・教育相談

　現在、子どもをめぐってさまざまな問題が起き、子どもや子どもをサポートする大人たちは苦戦している（山口・石隈, 2005）。そこで、「学校・家庭・地域社会が一体となって取り組むこと」が求められている（文部科学省（以下、文科省), 2003）。その際、学校心理学（石隈, 1999）の観点が役に立つ。本章では、学校心理学の提唱する、子どもの4つの側面と、3段階の心理教育的援助サービスについて説明し、授業における実践から、教育実践の在り方を考える。

1. 子どもはトータルな存在である

　子どもはトータルな存在であり、総合的な援助を求めている（石隈, 1999）。学校心理学が支える心理教育的援助サービスでは、一人ひとりの子どもを学習面、心理・社会面、進路面、健康面の4つの側面から総合的に理解する（図8-1）。

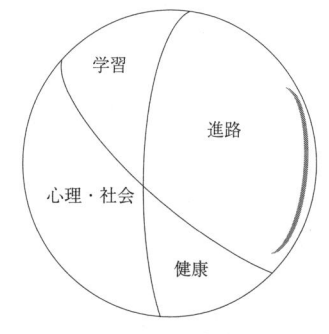

図8-1　トータルな存在である子どもたちとその4つの側面
（石隈、1999年、p.86）

（1）学習面での援助サービス

　学習面での援助サービスは、子どもの学習面における問題解決の指導・援助であり、一人ひとりの子どもの学習生活の改善と向上を図る学業援助である。

（2）心理・社会面での援助サービス

　心理・社会面での援助サービスは、子どもの自分自身とのつき合い方（心理面）と他人とのつきあい方（社会面）における問題状況の解決を指導・援助する。

（3）進路面での援助サービス

　子どもが自ら「将来の進路を適切に選択・決定していくための能力をはぐくむための教育活動」（文科省，2011）である。つまり、「生き方の援助」である。

（4）健康面での援助サービス

　子どもが社会的生活や積極的な行動に耐え得るよう、心や身体を育てることの指導・援助で、「生きる力」（文科省，2011）の援助である。

2．心理教育的援助サービスの担い手
——4種類のヘルパー——

　学校心理学（石隈，1999）では、援助サービスの担い手（ヘルパー）を4種類に分類している（表8‐1）。

（1）専門的ヘルパー

専門的ヘルパーは、心理教育的援助サービスを主たる仕事として専門的に行う者のことである。学校では、スクールカウンセラーにその役割が期待される。

（2）複合的ヘルパー

複合的ヘルパーは、職業上の複数の役割に関連させ、心理教育的援助サービスを行う者である。学校では、教師にその役割が期待される。

（3）役割的ヘルパー

役割的ヘルパーは、役割のひとつあるいは一側面として心理教育的援助サービスを行う者である。子どもにとっての役割的ヘルパーは、保護者である。

（4）ボランティア的ヘルパー

ボランティア的ヘルパーは、職業上、家族上の役割とは直接的には関係なく、子どもや教師、保護者にとって援助的な関わりを自発的にする者である。

表8-1　4種類のヘルパーの担い手とその役割

ヘルパー名	担い手	役　　割
専門的ヘルパー	スクールカウンセラー　スクールソーシャルワーカー	心理教育的アセスメント、教師・保護者へのコンサルテーション、学校組織へのコンサルテーション、研究を行う
複合的ヘルパー	教師	子ども一人ひとりに対して、子どもの環境（子ども同士の関係や学級集団）のなかで、指導サービスを行いながら援助サービスを行う
役割的ヘルパー	保護者	子どもの関わりの中での、心理教育的援助サービスを担う
ボランティア的ヘルパー	学校の友だち	自発的で援助的な関わり（愚痴をきく、相談に乗る等）を行う

（石隈（1999）を参考に筆者作成）

3．3段階の心理教育的援助サービス

　心理教育的援助サービスは、「子どもの幅広い援助ニーズに応じることを目指す」（石隈，1999）。石隈（1999）は、一人ひとりの子どもの援助ニーズに応じる援助サービスを、3段階に整理している（図8-2）。

（1）一次的援助サービス（開発的カウンセリング）
　対象の集団のすべての子どもが発達・教育上の課題を遂行するうえで持つ援助ニーズに対応する（石隈，1999）。開発的カウンセリングであるといえる。

（2）二次的援助サービス（予防的カウンセリング）
　プラスアルファの援助の必要な一部の子どもに対して、子どもの問題が大きくならないようにする（石隈，1999）。予防的カウンセリングであるといえる。

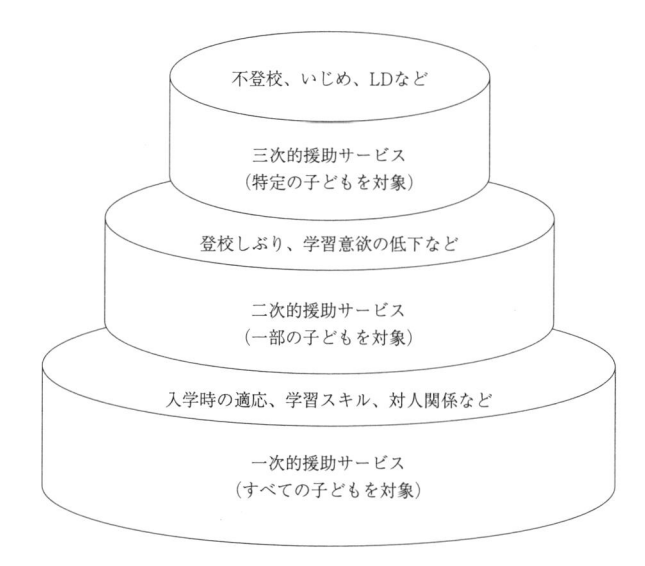

図8-2　3段階の援助サービス、その対象、及び問題の例
（小野瀬（2004）を参考に筆者作成）

（3）三次的援助サービス（治療的カウンセリング）

　重大な援助ニーズを持つ特定の子どもが、自助・援助資源を活用し、種々
の問題に対処できるようにする（石隈，1999）。治療的カウンセリングである
といえる。

4．子どもの援助ニーズとチーム援助

　子どもたちが教師に求める援助ニーズは大きく、かつ多様なため、一人の
教師が対応することは時間的にも精神的にも限界に近い（石隈・山口・田村，
2005）。そこで、石隈・田村（2003）が提唱する「チーム援助」がとても有効
である。

（1）援助チームの種類

　援助チームは、コア援助チーム、拡大援助チーム、ネットワーク型援助
チームに分かれる（石隈・田村，2003）（図8 - 3、図8 - 4、図8 - 5、表
8 - 2）。

（2）チーム援助に役立つツール

　チーム援助を行う際、援助チームシート（表8 - 3）や援助資源チェック
シート（図8 - 6）を活用するとよい。

　援助チームシートに記入を行うことで、子どもの情報を収集・分析するこ
とが可能となる。さらに、その情報をもとに、「誰が」「何を」「いつまで行う
のか」明確にすることができる。

　また、援助資源チェックシートは、子どもを取り巻く人的資源（担任、ス
クールカウンセラーなど）と物的資源（医療機関、専門機関など）の効果的
な把握につながる。

　チームでの会議の際にこれらのシートを持ち寄り、空欄を埋めていく過程

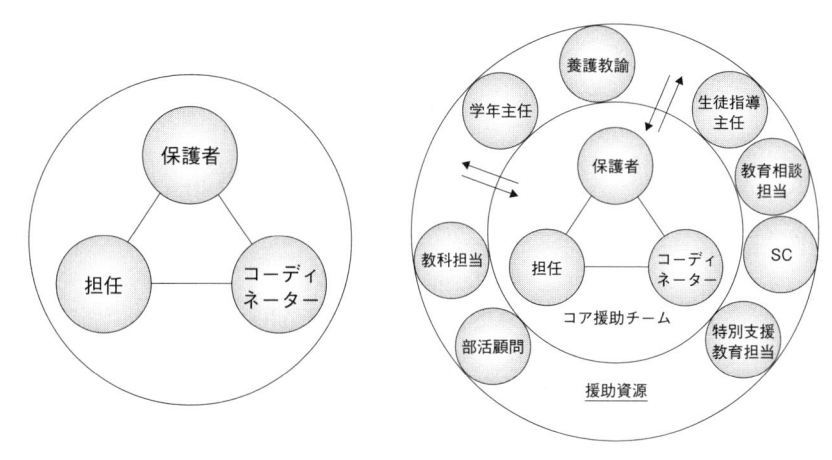

図8-3　コア援助チーム例
（石隈・田村、2003年、p.83）

図8-4　拡大援助チーム例
（石隈・田村（2003）を参考に筆者作成）

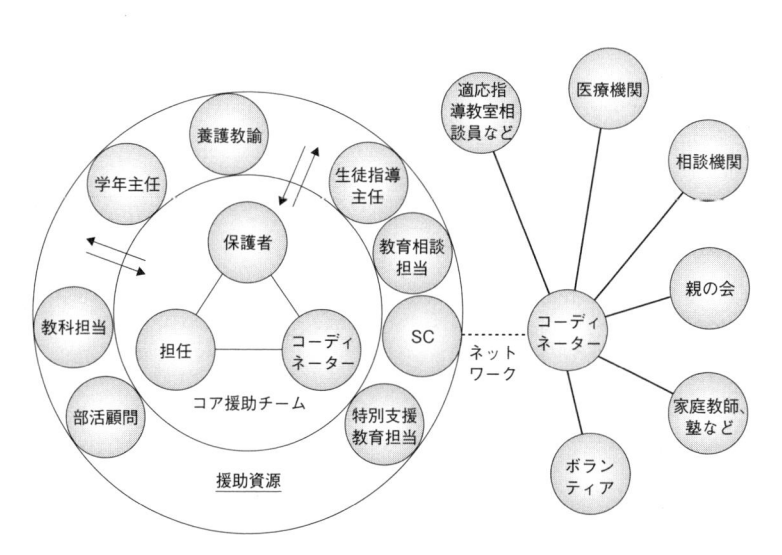

図8-5　ネットワーク型援助チーム例
（石隈・田村（2003）を参考に筆者作成）

表8-2　3つの援助チームのメンバーとその特徴

	メンバー	長　所	短　所
コア援助チーム	保護者 担任 コーディネーター	・小回りがきく ・情報が守れる ・チームとして成熟度が高い ・結成しやすい ・子ども一人ひとりのための援助隊として機能 ・援助の緊急性や度合いなどによって援助チームの形を変えられる	・一人ひとりの負担が大きい ・総合的な視点からの援助が弱い
拡大援助チーム	コア援助チームのメンバーに加え、校内の援助資源（養護教諭、生徒指導主事など）	・多面的な情報が手に入る ・必要なときに学校内の援助資源から協力や情報が得られる ・包括的な援助が行える	・小回りがきかない ・会議の時間の確保が困難 ・調整が難しい
ネットワーク型援助チーム	拡大援助チームに加え、外部の専門機関（病院、児童相談所など）	・危機介入の際に有効 ・必要に応じて連携できる学外の援助資源が多いため、いざという時に役立つ	・学外の援助資源と学校との連携はコーディネーターの力量によって大きく左右される

（石隈・田村（2003）を参考に筆者作成）

で、より緻密なアセスメントや、具体的な援助案の立案に役立てることができる。

（3）各種専門機関との連携

　特に、援助ニーズが大きい場合（暴力行為がひどい、不登校が続くなど）は、関係の専門機関（児童相談所、適応指導教室など）との連携を図る必要がある。

表8-3　石隈・田村式　援助チームシート標準版

【石隈・田村式 援助チームシート 標準版】

実施日　：　　年　　月　　日（　）　　時　　分〜　　時　　分第　　回
次回予定：　　年　　月　　日（　）　　時　　分〜　　時　　分第　　回
出席者名：

苦戦していること（　　　　　　　　　　　　　　　　　　　　　　　　　　）

児童生徒氏名 年　組　番 担任氏名		学習面 （学習状況） （学習スタイル） （学力） など	心理・社会面 （情緒面） （ストレス対処スタイル） （人間関係） など	進路面 （得意なことや趣味） （将来の夢や計画） （進路希望） など	健康面 （健康状況） （身体面での訴え） など
情報のまとめ	（A） いいところ 子どもの自助資源	得意（好き）な教科・自信があるもの： やりやすい学習方法： 学習意欲：	性格のいいところ： 楽しめることやリラックスすること： 人とのつきあい方：	得意なことや趣味： 将来の夢や憧れの人： 役割・ボランティア： 進路希望：	体力や健康状況： 健康維持に役立つこと：
	（B） 気になるところ 援助が必要なところ	成績の状況や学習の様子： 苦手・遅れが目立つ教科： 学習意欲：	性格の気になるところ： 気になる行動など： 人とのつきあい方：	目標や希望の有無など： 進路情報：	心配なところ： こだわりや癖： 気になる体の症状：
	（C） してみたこと 今まで行った、ある いは、今行っている 援助とその結果				
援助方針	（D） この時点での 目標と援助方針	・「この子どもにとって必要なこと、大事にしてほしいところ、配慮してほしいこと」等 ・ ・			
援助案	（E） これからの援助 で何を行うか				
	（F） 誰が行うか				
	（G） いつから いつまで行うか				

参照：石隈利紀著 学校心理学―教師・スクールカウンセラー・保護者のチームによる心理教育的援助サービス 誠信書房　©Ishikuma & Tmura 1997-2003
　　　石隈利紀・田村節子著　石隈・田村式援助シートによるチーム援助入門―学校心理学・実践編― 図書文化
（石隈・田村、2003年）

田村・石隈式
(1997−2005)　　【援助資源チェックシート　ネットワーク版】

記入日＿＿＿年＿＿月＿＿日

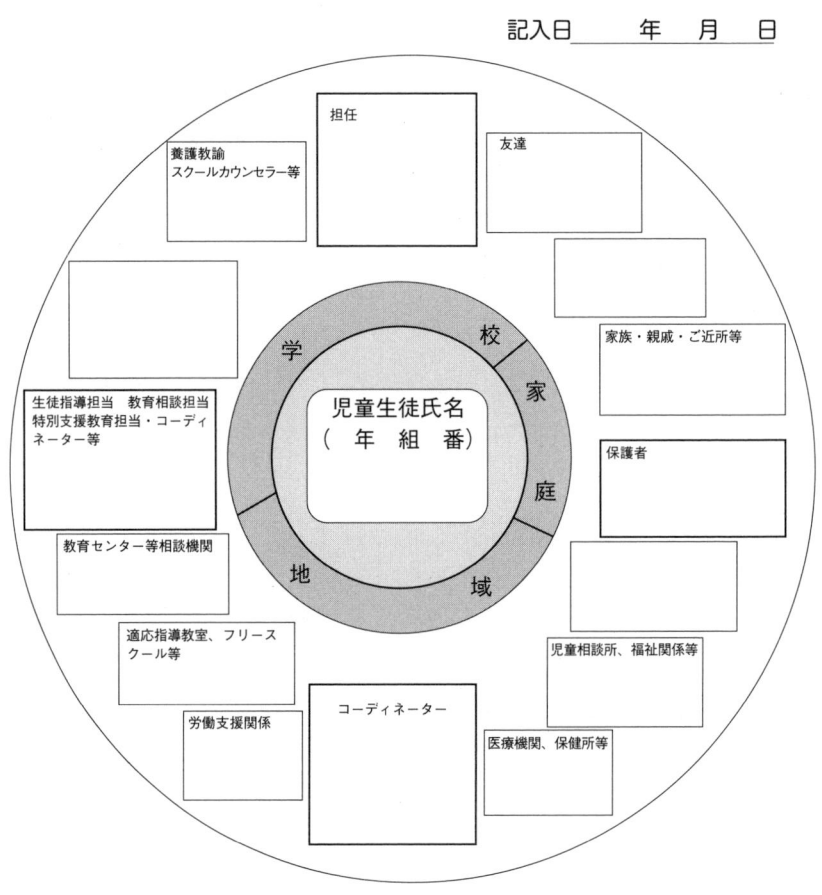

参照：石隈利紀著　　　　　　学校心理学 ― 教師・スクールカウンセラー・保護者のチームによる心理教育的援助サービス ― 誠信書房
　　　石隈利紀・田村節子共著　石隈・田村式援助シートによるチーム援助入門 ― 学校心理学・実践編 ―　　　　　　　図書文化

©Ishikuma & Tamura 1997–2005

図8-6　田村・石隈式　援助資源チェックシートネットワーク版
（石隈・田村、2003年）

5．授業における実践

　すべての児童生徒を対象とした、一時的援助サービスの充実が望まれている。そこで、山口・長峰（2007）は、心理・社会面の援助として、中学生を対象に、コミュニケーションスキルを身につけるためのスキルトレーニングを実施した。

（1）授業内容

　コミュニケーションスキルトレーニングの学習指導案における目標と指導計画は表8-4に示すとおりである。また、詳細な授業内容については、表8-5、表8-6に示すとおりである。

　コミュニケーションスキルトレーニングは、導入（目的を知る）、デモン

表8-4　コミュニケーションスキルトレーニングの目標と指導計画

対象	A中学校1年生1クラス31名
単元名	学級活動「友だちと気持ちのよい会話をしよう」
目標	友人と気持ちのよい会話をするために必要なコミュニケーションと対人関係の考え方・進め方について知り、実行できるようになる
指導計画	トレーナー：学級担任 補　助　者：ゲストティーチャー 短学級活動：事前アンケート調査（学校生活スキル尺度による調査） 　　　　　　下位尺度「コミュニケーションスキル」7項目 学級活動（第1時）：コミュニケーションスキルトレーニング 　　　　　　　　　「相手の話を聴くときの言葉かけ」 学級活動（第2時）：コミュニケーションスキルトレーニング 　　　　　　　　　「バランスのとれたコミュニケーションの方法」 　※本実践的研究において、「バランスのとれたコミュニケーション」 　　とは、自分の意見もきちんと表現し、相手の気持ちも大切にするアサーティブなコミュニケーションである 短学級活動：事後アンケート調査（学校生活スキル尺度による調査） 　　　　　　下位尺度「コミュニケーションスキル」7項目

（山口・長峰（2007）を参考に筆者作成）

表8-5　コミュニケーションスキルトレーニングの第1時授業内容

	トレーニングの内容・活動	トレーナーの働きかけ及び配慮事項
導入	1．本時のねらいを知る 2．ウォーミングアップをする 　・グループで自己他己紹介をする 　例「私は○○が好きな××です」 　　「私は○○が好きな××さんの 　　隣に座っている、△△の好きな 　　★★です」	・今回のスキルトレーニング全体の 　ねらいと、本時のスキルトレーニ 　ングのねらいを説明する。 ・友人の話をきちんと聴く練習をす 　るため、このゲームでは先に自己 　紹介する人の話をきちんと聴くこ 　とが大事であると伝える。
展開	3．「相手の話を聴くときの言葉かけ」 　について、ブレインストーミング 　を行う 　・友人の話に対する応答を考え、 　　意見を自由に発言する 4．「関心をもった応答」「無関心な 　応答」について知り、デモンスト 　レーションについて感じたことを 　発表する 5．グループディスカッション 　（トレーニング） 6．シェアリング	・応答の内容について自由に発言し、 　記録用紙に書き込むように指示す 　る。 ・相手の話を肯定的に捉え、もっと 　話したいと思われるような応答を 　することが大切であると伝える。 ・グループで、与えられた設定で2 　人の会話のシナリオを考える。 ・トレーニングの感想を書くように 　指示する。
まとめ	7．まとめ	・スキルを身につけるためには実行 　することが重要であると伝える。

（山口・長峰、2007年）

ストレーション（活動のイメージを持つ）、トレーニング（練習をする）、
シェアリング（感想を共有する）のプロセスに沿って実施した。なお、どち
らの授業においてもワークシートを活用し、意見をまとめる際や、活動全体
の振り返りに役立てた。

表8-6　コミュニケーションスキルトレーニングの第2時授業内容

	トレーニングの内容・活動	トレーナーの働きかけ及び配慮事項
導入	1．本時のねらいを知る 2．ウォーミングアップをする ・非言語伝言ゲームをする。「言葉を使わずに、誕生日を伝える」	・本時のスキルトレーニングのねらいを説明する。 ・自分の気持ちを伝えるものは言葉だけでなく、動作や表情、声のトーン等も重要であることを伝える。
展開	3．デモンストレーションを見る ・「相手を傷つける会話」「自分を傷つける会話」「バランスのとれた会話」を見る 4．グループディスカッション 　（トレーニング） 5．シェアリング	・バランスのとれたコミュニケーションの会話のよさを確認する。 ・自分の伝えたいことを話す権利と相手を傷つけない義務について触れながら、3種類のコミュニケーションがあることを解説する。 ・グループで、与えられた設定での2人の会話のシナリオを考えるように伝え、その際バランスのとれたコミュニケーションでの関わりになるように伝える。 ・トレーニングの感想を書くように指示する。
まとめ	6．まとめ	・全体のまとめとして、人の話をきちんと聴き、自分の気持ちを伝えることができるようになることの大切さを伝える。

（山口・長峰、2007年）

（2）実践結果

　コミュニケーションスキルは、すべての項目でスキルトレーニング実施後に得点の上昇が見られた（表8-7）。

（3）考察と課題

　心理・社会面でのスキルトレーニングは、コミュニケーションスキルの向上に効果的である。スキルの定着のためにも、継続して実施できるトレーニングの開発が必要である。

表8-7　コミュニケーションスキル得点の事前・事後の比較

コミュニケーションスキル	事前	事後
1．自分の意見や考えを表現することができる。	2.97	3.29
2．人にどう話しかけたらいいのか、どう会話を始めたらいいのか知っている。	3.23	3.29
3．異性と自然に話すことができる。	3.06	3.26
4．自分の感情を表現する方法を知っている。	2.90	3.26
5．仲のよい友人同士がけんかしていると、どうしたらいいのか知っている。	3.06	3.26
6．友人の話を相手の身になって聞くことができる。	3.10	3.48
7．自分の嫌なことを断ることができる。	3.03	3.42

（山口・長峰、2007年）

【参考文献】

石隈利紀『学校心理学―教師・スクールカウンセラー・保護者のチームによる心理教育的援助サービス―』誠信書房、1999年

石隈利紀・田村節子『石隈・田村式援助シートによるチーム援助入門―学校心理学・実践編―』図書文化社、2003年

石隈利紀・山口豊一・田村節子『チーム援助で子どもとのかかわりが変わる―学校心理学にもとづく実践事例集―』ほんの森出版、2005年

文部科学省『平成14年度文部科学白書』文部科学省編　財務省印刷局、2003年

文部科学省『生徒指導提要』教育図書、2011年

小野瀬雅人「学校心理学の方法」福沢周亮・石隈利紀・小野瀬雅人責任編集／日本学校心理学会編『学校心理学ハンドブック―「学校の力」の発見―』教育出版、2004年

山口豊一編著・石隈利紀監修『学校心理学が変える新しい生徒指導――一人ひとりの援助ニーズに応じたサポートをめざして―』学事出版、2005年

山口豊一・長峰正道「コミュニケーションスキルを高めるための指導・援助―スキルトレーニングを通して―」『教育実践学研究』（11）、2007年、pp.41-48

第9章

教育実践と生徒指導・進路指導・キャリア教育

1. 生徒指導

　児童生徒が過ごしている学校のさまざまな場面は、すべての児童生徒の成長や発達を促し、支援するといった生徒指導の働きかけが求められている。つまりこれは、社会という集団の中で自分らしく生きることができる一人の大人として児童生徒が育つように、自発的で主体的な成長・発達を促し支援することが意図されている働きかけともいえる。すなわち、学校という集団生活の中で児童生徒が自ら社会的資質を伸ばすとともに、よりいっそうの社会的能力を獲得するという「社会性」の育成がめざされているのである。そして、その社会的資質や能力を適切に行使することで、社会に受け入れられる「自己実現」を図り、幸福と社会の発展を追求していく大人になることが願われている。さらには、生徒の人間的な成長や学力の伸張を図る上で土台となり、教科指導や進路指導を成立させるための基盤にもなる。そこで、生徒指導や生徒指導の課題をおさえたうえで、実践的に機能する生徒指導体制の在り方についてまとめる。

（1）生徒指導とは

1）生徒指導の意義

「生徒指導」は、「一人一人の児童生徒の人格を尊重し、個性の伸長を図りながら、社会的資質や行動力を高めることを目指して行われる教育活動」とし、現在及び将来に向けた自己実現を図るために「自己指導能力」の育成をめざすとされている（文部科学省，2010）。そのため教師は、授業中や休み時間、放課後、部活動や地域における体験活動等、学校の教育活動全体において「自己実現」に向けた適切な指導や援助を行うことが求められている。

例えば、日常の学校生活の場面におけるさまざまな自己選択や自己決定の場面において、児童生徒が選択や決定の際によく考えて、その結果が不本意だとしても真摯に受け止め、最後まで責任を持って行動する。そしてこれらを通して、自らの問題や課題に対峙するだけではなく、周囲の人への影響や反応にも配慮する集団や社会の一員としての自己を形成していく。なかでも、中学生・高校生は、生徒が自主（主体）的に判断、行動し積極的に自己を生かしていくことができるように生徒指導の充実が方向付けられている（文部科学省，2008；文部科学省，2011）。

ここで重要になるのが、発達段階に応じた計画的な生徒指導という2つの視点である。第一の視点は、すべての児童生徒に共通した能力が年齢相応の一定水準まで形成されるよう、各学校・各学年段階、または年齢と共に形成されてくる精神段階や社会性の程度に考慮することである。第二の視点は、不足部分を補ったり、その子の持つ望ましい特性を引き延ばしたりといった一人ひとりの児童生徒の発達状況を踏まえた個別指導や援助をすることである。これらを、教育課程全体の中に位置づけ、計画的に、具体的な方法を検討しながら協働で生徒指導を行うことが重要になってくる。

2）生徒指導の課題

文部科学省（2010）は、生徒指導上の課題を3つ挙げている。第一に、児童期・青年期の心理の特徴を熟知し、教師と児童生徒の信頼関係を構築して

生徒指導を進めるといった「児童生徒理解」である。第二に、自他の個性を尊重し認め合い、お互いの立場にたって考え、相手のよさを見付けていこうと努める集団でありながらも、お互いに協力し合ってよりよい人間関係を主体的に形成する人間関係づくりをするという「望ましい人間関係づくりと集団指導・個別指導」である。第三に、学校経営の中に生徒指導を位置付け、それに基づいた学年や学級あるいはホームルームが経営され、さらには個々の教員の指導が共通理解のもとで行われるという、学校としての協力や指導体制を築く「学校全体で取り組む生徒指導」である。

　ところが、校種別に見ていくと、教員はそれぞれの校種において以下のような課題や問題、意識を持っていることが指摘されている。小学校教員は、児童生徒理解に自信のない教員が多い、保護者との連携に行き詰まりを感じたことのある教員が多い、カウンセリングマインドの必要性を感じている教員が多い、また教員の関係機関等に関する認知度が低い、などが挙げられている（内田・井上，2007）。

　中学校教員は、いじめによる自殺や不登校、学級崩壊、児童虐待、ネット犯罪、薬物乱用、自殺などの問題行動が多様化、複雑化に加え、最近では「普通」の生徒に対する日々の生徒指導実践が難しいとし、「生徒との関わりにおける不全感」と「問題行動や保護者への対応」が教師のストレスにつながっていることが指摘されている（内田・井上，2007）。

　高校教員は、暴力行為、不登校、いじめ、高等学校中途退学などの問題に対し、厳罰的な主義を強調しつつ、児童生徒理解を基礎にしたカウンセリングマインドに依拠した指導を生徒の実態や場面に応じて生かそうとする折衷案思想をもつが（田代・八重樫，2009）、これらをバランスよく指導に活かそうとする困難さを抱えていると考えられる。校種に共通することは、指導・実践のために理論と実践を往還する研修が必要になるということである。研修を行うことにより知識や理論を学び、対応に向けたスキルを身に付けるといった教師としての質の向上が求められる。

（２）機能的な生徒指導体制に向けて

　では、生徒指導上の課題解決に向けた「機能的な生徒指導」を実践するにはどうしたらよいのであろうか。この「機能的な生徒指導」とは、全教職員が生徒指導の目的を理解し、生徒指導に関する共通理解のもと、教師の資質や能力、力量を高め、実践できることであり、組織が有機的・組織的に位置づけられ協働的な指導体制が整えられていることをいう。その体制を確立するために必要な重要な視点として、以下の６つが挙げられる（益田・松本・隈元，2006）。

1）基本方針が共通認識されていること

　まず初めに、生徒指導に関する基本方針や教員の考え方を「共通認識」することである。とくに、生徒指導は生徒を罰する、叱責することといった間違った捉え方を排除し、生徒の自己実現や自立支援をめざし、基本的生活習慣の確立や問題解決能力の育成といった人格の尊重と個性の伸長を重視することを強調して確認しあうことが求められる。そして、児童生徒の情報については、関係する教職員で共有することが大切である。守秘義務を厳守することは当然であるが、教師やスクールカウンセラーが一人で抱え込むこととは異なる。相談者の個人的感情は取り上げず、目の前の児童生徒を支援・指導する上で重要な情報は、関係する教職員が個人情報については「集団守秘義務」であることを認識し、それに従って有効な指導方法を教員相互で検討し、共有しあうことが重要になってくる。そのためには、定期的な会議・打ち合わせ等の中で、担任に任せきりにする、報告のみで終わりにするのではなく、児童生徒の課題や問題に対して具体的な手立てを検討する機会として共通認識を図る有効な時間にしていく意識を持つことが必要である。

2）生徒指導・教育相談体制が確立していること

　多様な問題や課題を抱えた生徒に日々対応するためには、児童生徒の実態や環境などを総合的に捉えて支援を具体的に計画し、チームで対応すること

が重要である。つまり、教員一人で対応することはきわめて困難といえ、全教職員あるいは関係教職員によって協働で支援する指導体制を整えることが求められる。そして、生徒指導体制に対する教職員の理解を得た職場風土も必要となる。そのためには、生徒指導のための全体構想の策定、生徒指導のための人的組織化と校務分掌の見直し、生徒指導のための系統的体系的な時間的計画の策定、生徒指導の担当者、及び全教職員の資質向上をめざした研修の充実、生徒指導のための資料準備・整備や環境整備、教師のモラルを高め協働意欲を強固にするために効率的な分掌組織づくりに努める、といったことが留意すべき点となる。

3）児童生徒及び問題行動への対応が適切であること

　まさにこれは生徒指導に対する教師の力量と資質、そしてリーダーシップに関連する重要な視点である。とくに児童生徒や保護者との間では、専門のカウンラーがカウンセリングを行う時のような気持ちでといった意味をもつカウンセリングマインドの姿勢で関わることと関連する。そして、教師と児童生徒及び保護者との関係においては、信頼で結びついた心理的交流がなされている状態である信頼関係（ラポール）を形成するように心掛けたい。そのためには、①児童生徒（保護者）の言葉によく耳を傾けて話を聴く、②児童生徒（保護者）に自分の考えや価値観を押し付けない、③児童生徒（保護者）の否定的な面ばかり気にするのではなく、肯定的な面を積極的に見ようとする、といったことに配慮したい。

　さらに、重要なことは教師自身の人間観の持ち方である。児童生徒一人ひとりが持つ潜在的可能性と自己成長力を信じることを通して、関心を持たれている、わかってもらえると児童生徒が感じると生きるエネルギーが湧きおこってくる。ここから自己実現に向けて成長を遂げていく児童生徒を支援したい。つまり、表面的な言動にばかり目を向けるのではなく、その言動を表現する思いを汲み取ることが大事になってくる。そこで、教師は自身の豊かな人間性とネットワーク力を向上させ、そのような向上させていく環境づく

りを大切にしたい。

4）保護者・地域社会への対応にも適切であること

　重要なことは信頼関係（ラポール）の形成である。この関係に基づいて教師は地域や保護者と連携していくことが求められる。そして、学校の情報を公開することを通して学校について理解や協力を求め、地域にある関係諸機関や保護者とそれぞれの立場に敬意をはらう中で連携し、学校としての責任を果たしていくことが重要になってくる。そのためには、地域と社会をつなぐコーディネーターの教師は、ネットワーク力やコミュニケーション力を身に付けることが求められる。そのためには、コーディネーターとしてのスキルアップのための研修も必要となってくる。

5）研修の在り方が改善されていること

　成長・発達していく児童生徒を支援するためには絶えず自己を振り返って研鑽し、教師自身も成長することが求められている。いいかえると教員生活を通して質の向上がめざされることは、教師にとっては義務である。校内の課題解決に向けた理論・知識の蓄積と優れた具体的な支援方法を学ぶ、また、事例検討により共通理解を得ながら協力的な援助チームを作ることが研修として取り上げられることが大事になってくる。このような研修で得たことは、継承・定着を図るために、同僚教師から援助や助言、意見交換等と通してより向上するため研鑽に励むことにつなげ、教師がお互いの意見を尊重し、パートナーシップを発揮して協働体制を作っていく。このプロセス自体さえも共に成長しあう重視すべき時間となろう。

　ここで重要なことは、管理職を含む教職員全員が校内研修に参加することである。これにより、全教職員の共通理解を図るだけでなく、同僚教員の援助や助言を得ることもでき、教員一人ひとりの教育力・指導力を高めることができる。教員間の考えのいき違いを防ぎ、生徒指導における支援の目標達成に向けた協働体制ができ、集団としての組織力も高められることになるであろう。

6）管理職の意識が前向きでリーダーシップが発揮されていること

　管理職は全体を俯瞰して見るなか、教師への指導・支援を前向きな態度と、共に考える姿勢を維持し、後輩教師である教員集団に対してリーダーシップを発揮することが求められる。威圧的な命令的態度ではなく、教師が持つ特性を引き出した教員集団となるように、普段から、オープンな校長室やあたたかい声かけや労い、励まし等のコミュニケーションを通して、信頼関係を築き、児童生徒指導に対するモチベーションを維持することも重要である。

7）児童生徒への日々の指導で大切にしたいこと

　児童生徒を指導する時、指導が一貫性を持つようにすることが大切である。先生によって言った・言わない、言っていることが異なるといったことがないように配慮する。また、教師個々の特性により表現は異なっても、生徒及び教師同士にもわかる具体的でわかりやすい指示や指導をすることが重要である。そのためには、教師自身が心のゆとりをもって、ストレスをため込まずに同僚教師とコミュニケーションを図る中、研修を積み重ねていきたい。

　以上より、生徒指導が機能的に運営されていくためには、生徒指導に対する教職員の共通理解のもと生徒指導体制が確立していることであるといえ、ひいてはこれが、実践的な指導・援助につながっていくのである。

2．児童生徒の在り方生き方を引き出す進路指導・
　　キャリア教育

　近年、我が国は少子化、情報化社会、グローバル化等の社会環境が激変し、産業・経済の構造的変化や雇用の多様化・流動化を背景として、児童生徒の進路をめぐる環境が大きく変化している。このような背景のなか、学校から

就業への移行における課題として、求職希望者と求人希望者との不適合や雇用システムの変化といった就職・就業をめぐる環境の変化や勤労観・職業観の未熟さ、社会人や職業人としての基礎的資質・能力の未成熟、社会の一員としての意識の希薄さといった若者自身の資質等をめぐる課題が指摘されている。また、身体的な早熟傾向に比して精神的・社会的自立が遅れる傾向や働くこと・生きることへの関心・意欲の低下といった児童生徒の成長・発達上の課題、職業について考えることや職業選択・決定を先送りと進路・目的意識が希薄なまま、進学・就職する者の増加といった高学歴社会におけるモラトリアム傾向といった生徒の生活意識の変容が挙げられる。そのようななか、児童生徒の社会的・職業的自立に向けた必要な基盤となる能力や態度を育てるキャリア教育は、キャリア発達を促すために小学校段階からの充実が強く求められている。こうした状況を踏まえ、キャリア教育のさらなる充実に役立てるためには、児童生徒の発達段階を踏まえた実践的な教育が重要になってくる。

（1）進路指導とキャリア教育

1）進路指導とキャリア教育の関係

近年、進路指導という言葉に代わって、キャリア教育の推進が強調されている。では、進路指導とキャリア教育とでは、どこが異なるのだろうか。

進路指導については、これまでの進路指導の実践が、進路選択を間近に控えた時期となってからの指導・援助や斡旋をすることを中心とした「出口指導」と指摘され，批判を浴びてきた経緯がある。この進路指導については、文科省の前身である文部省（1994）が「卒業時の進路をどう選択するかを含めて、（中略）どういう人間になり、どう生きていくことが望ましいのかといった長期的展望に立っての人間形成をめざす教育活動」（「進路指導の手引―個別指導編」）として、在り方生き方を指導する教育活動として位置づけている。そして、進路指導は、①個人資料に基づいて生徒理解を深める活動と正しい自己理解を生徒に得させる活動、②進路に関する情報を生徒に得さ

せる活動、③啓発的経験を生徒に得させる活動、④進路に関する相談の機会を生徒に与える活動、⑤就職や進学などに関する指導・援助の活動、⑥卒業者の追指導に関する活動、といった活動を通して実践されるとした（文部省「進路指導の手引―中学校学級担任編（三訂版）平成6年）。

　しかし、この進路指導については、①学校教育活動の一つとして中学校・高等学校の教員が限定で行い、また、実際に学校で行われている進路指導の多くは，進路指導担当の教員と各教科担当の教員の連携が多くの学校において不十分である、②一人ひとりの発達を組織的・体系的に支援するといった意識や姿勢，幼児教育・初等教育段階から高等教育段階までのさまざまな教育機関で実践されるにとどまらず成人にまで至るといった視点が欠如している、といった課題があるとし、指導計画における各活動の関連性や系統性等が希薄であると指摘された。

　したがって、進路指導は、児童生徒の意識の変容や能力・態度の育成に十分結びついていない等の指摘になったのである。そのため、就学前段階から体系的に取り組んでいくキャリア教育が注目されるようになった。そこで、キャリア教育は，就学前段階から初等中等教育・高等教育を貫いて，さらには学校から社会への移行に困難を抱える若者などをも支援するさまざまな機関においても実践されるとされ、教育される範囲が広がりを持つことが示されたのである（図9-1）。

　そして、文部科学省（2004）は、「進路指導は、児童生徒が自らの生き方を考え、将来に対する目的意識を持ち、自らの意志と責任で進路を選択決定す

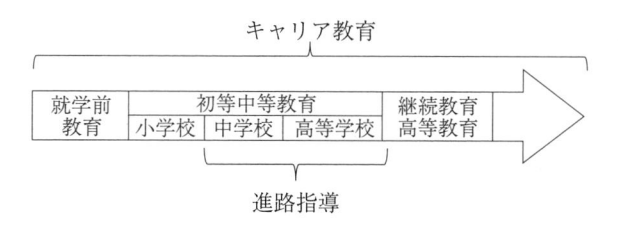

図9-1　進路指導とキャリア教育の関係

る能力・態度を身に付けることができるよう、指導・援助することである」とした。これにより、定義・概念としてはキャリア教育との間に大きな差異は見られず、進路指導の取り組みは、キャリア教育の中核をなすということが明らかされたといえる。

2）キャリア教育とは

　キャリアとは、「個々人が生涯にわたって遂行する様々な立場や役割の連鎖及びその過程における自己と働くこととの関係付けや価値付けの累積」とし、キャリア教育がめざすことを「すべての教育活動において、子どもたちが生きる力を身に付け、社会の激しい変化に流されることなく、それぞれが直面するであろう様々な課題に柔軟にかつ、たくましく対応し、社会人・職業人として自立していくことができるようにする」と文部科学省（2006）は明示し、キャリア教育の意義を表9-1に示す3つに集約した。

　なかでも、キャリア教育を考える上で発達の視点は重要とされ、キャリア発達は自己の知的、身体的、情緒的、社会的な特徴を一人ひとりの生き方として統合していく過程を重視した。そのため、児童生徒が行うすべての学習活動等がキャリア発達に影響することになり、キャリア教育は学校すべての教育活動を通して推進することがいっそう強調される結果となった。

表9-1　キャリア教育の意義

1）一人一人のキャリア発達や個人としての自立を促す視点から、従来の教育の在り方を幅広く見直し、改革していくための理念と方向性を示す 　2）キャリアが子どもたちの発達段階やその発達課題の達成と深くかかわりながら段階を追って発達していくことを踏まえ、子どもたちの全人的な成長・発達を促す視点に立った取組を積極的に進める 　3）子どもたちのキャリア発達を支援する観点に立って、各領域の関連する諸活動を体系化し、計画的、組織的に実施することができるよう、各学校が教育課程編成の在り方を見直していく

（文部科学省、2006年）

表9-2　小学校・中学校・高等学校におけるキャリア教育の目標

小学校	中学校	高等学校
自己及び他者への積極的関心の形成・発展 ⇨	肯定的自己理解と自己有能感の獲得 ⇨	自己理解の深化と自己受容
身の回りの仕事や環境への関心・意欲 ⇨	興味・関心等に基づく勤労観・職業観の形成 ⇨	選択基準としての勤労観・職業観の確立
夢や希望、あこがれる自己イメージの獲得 ⇨	進路計画の立案と暫定的選択 ⇨	将来設計の立案と社会的移行の準備
勤労を重んじ目標に向かって努力する態度の形成 ⇨	生き方や進路に関する現実的探求 ⇨	進路の現実的吟味と思考的参加

（神野・原田・森山、2015年）

3）各学校におけるキャリア教育の目標

　各学校の目標を比較すると、それぞれの発達段階に応じた系統性をもつキャリア教育を行う必要性があり、小・中・高の連携と協力が求められ、連続したキャリア発達の支援の観点に基づいたキャリア教育を行うことが重要となる（表9-2）。

（2）機能的なキャリア教育の推進に向けて

1）育成が期待される能力

　育成されるべき能力の関係は、「人間関係形成・社会形成能力」「自己理解・自己管理能力」「課題対応能力」「キャリアプランニング能力」といった4つの能力へと転換が図られ、各学校段階におけるキャリア教育の基本的な考え方や充実方策、推進のポイントをおさえ、発達段階に応じた体系的なキャリア教育をめざすこととされた（中央教育審議会，2011）（表9-3）。それらを踏まえて学校内の組織的・体系的な働きかけと発達課題の達成を関連させながら、学校長のリーダーシップのもと、学校におけるキャリア教育が進められる必要があり、校内体制整備とキャリア教育に対する教師の理解が重要となる。

表9-3 「基礎的・汎用的能力」の４つの能力と具体例

４つの能力とそれぞれの能力の内容	具体的な要素の例
人間関係形成・社会形成能力	
多様な他者の考えや立場を理解し、相手の意見を聴いて自分の考えを正確に伝えることができるとともに、自分の置かれている状況を受け止め、役割を果たしつつ他者と協力・協働して社会に参画し、今後の社会を積極的に形成することができる力	・他者の個性を理解する力 ・他者に働きかける力 ・コミュニケーションスキル ・チームワーク ・リーダーシップ　等
課題対応能力	
仕事をする上でのさまざまな課題を発見・分析し、適切な計画を立ててその課題を処理し、解決することができる力	・情報の理解、選択、処理　等 ・本質の理解、原因の追究 ・課題発見、計画立案 ・実行力、評価、改善　等
自己理解・自己管理能力	
自分が「できること」「意義を感じること」「したいこと」について、社会との相互関係を保ちつつ、今後の自分自身の可能性を含めた肯定的な理解に基づき主体的に行動すると同時に、自らの思考や感情を律し、かつ、今後の成長のために進んで学ぼうとする力	・自己の役割の理解 ・前向きに考える力 ・自己の動機付け ・忍耐力 ・ストレスマネジメント ・主体的行動　等
キャリアプランニング能力	
「働くこと」の意義を理解し、自らが果たすべきさまざまな立場や役割との関連を踏まえて「働くこと」を位置づけ、多様な生き方に関するさまざまな情報を適切に取捨選択・活用しながら、自ら主体的に判断してキャリアを形成していく力	・学ぶこと、働くことの意義や役割の理解 ・多様性の理解 ・将来設計、選択 ・行動と改善　等

２）校内体制整備

　そこで、キャリア教育を教育課程に位置づけ、全教職員の共通理解のもとで取り組み、キャリア教育について明確な指針を持ち学校経営計画を打ち出し、学校全体の既存の組織を包含したような、既存の分掌等の組織とは別の学校全体の教育活動を俯瞰できるような横断的な組織としてキャリア教育推進委員会を設置したい。そして、①校内研修等、教員の資質向上と専門的能力の向上、②保護者との連携、③職場体験やインターンシップといった学校

外の資源活用、4) 家庭・地域社会や産業界、学校間・異校種間といった関係機関との連携、といった校内体制を整備することが求められる。

3）キャリア教育の具体的な進め方

　職業観・勤労観を育む学習プログラムは、校種及び発達段階、職業的（進路）発達に関わる諸能力に考慮し、一人ひとりの全体的職業的（進路）発達の形成の育成の視点に立って段階・系統的に取り組むことが重要である。また、教育活動全体を通して各教科の学びを断片化させないように工夫し、さらには各学校の特色、地域の特徴、児童生徒の実態などに応じた、より深い理解と自己形成に導く教育が求められる。そして、小学校では職場体験、町体験、中学校では職業体験活動、ボランティア、アントレプレナーシップ、高校では職業人インタビュー、奉仕やボランティア活動、介護・福祉体験、社会性育成プログラムといったような体験活動を積極的に取り入れたい。

　教育のポイントは、①過去を振り返る活動、②自分と社会を関係付ける活動、③将来を意識付ける活動、といった過去・現在・未来をつなぐ「時間的展望」と社会の中で生きる「自己の役割」の視点を取り入れることで、これらは職業観・勤労観を育み、キャリア発達を促していくことにつながっていく。

3．生徒指導・進路指導とキャリア教育を教育実践に活かすために

　これまでに生徒指導・進路指導とキャリア教育について文部科学省の動向や実践に向けた理論や背景、実践例等を述べたが、効果的な教育実践を今後行うためには、どのような共通課題があるのだろうか。

　まずは生徒指導・進路指導とキャリア教育についての理解や共通認識である。そのためには校内組織体制と研修の充実が求められる。ここで重要にな

ることは、だれが校内組織体制や研修を俯瞰して捉え、リーダーシップを発揮するのかである。だれが適任でどのようなリーダーシップを発揮すべきか、研修はどのような内容で誰が講師をしてどの時期に何回実施すべきなのかといったことも重視し、これらは検証される必要がある。

　次に、実践された教育が児童生徒に対して本当に教育効果があったのかということである。とうぜん、児童生徒の実態や理論などに裏打ちされたさまざまな支援や実践は行われるであろうが、それ自体が児童生徒にどのような教育効果があったのかについても検証される必要がある。実践する教育のプロセスにおいて工夫される支援や働きかけが児童生徒にどのような影響を及ぼしているのか、実践されるプログラムや行事は教育効果があるのか、といったことを検証し、今後に生かすことが重要である。

　学校教育は時代や社会の変化の影響を受けてさまざまな課題や問題を生じ、児童生徒に身に付けさせたい力も変わってくる。だからこそ、よりよい教育実践のためには教育効果を検証し、教育実践を発展させていくことが重要であろう。

【引用・参考文献】

中央教育審議会「今後の学校におけるキャリア教育・職業教育の在り方について」（答申）、2011年

益田美佳子・松本剛・隈元みちる「小学校における生徒指導の現状と課題」『生徒指導研究』18、2006年、pp.21-31

文部省『進路指導の手引—中学校学級担任編』（三訂版）、1994年

文部科学省『キャリア教育の推進に関する総合的調査研究協力者会議報告書〜児童生徒一人一人の勤労観、職業観を育てるために〜』、2004年

文部科学省『小学校・中学校・高等学校　キャリア教育推進の手引』、2006年

文部科学省『生徒指導提要』教育図書、2010年

文部科学省『中学校学習指導要領解説総則編』ぎょうせい、2008年

文部科学省『高等学校学習指導要領解説総則編』東山書房、2011年

内田利広・井上篤史「教員の生徒指導に関わる意識と実態調査：児童生徒の抱えている解決困難な課題をできるだけ早期に克服するために」『京都教育大学紀要』110、2007年、pp.75-92

田代高章・八重樫一矢「高校生と指導の現状と課題」『岩手大学教育学部附属教育実践
　　総合センター研究紀要』(8)、2009年、pp.17-36
神野建・原田恵理子・森山賢一『最新 生徒指導論』大学教育出版、2015年

第10章

教育実践と特別支援教育

　文部科学省が2016（平成24）年12月に公表した調査結果によると、通常学級で、学習面または行動面で著しい困難を示すとされた児童生徒の割合は6.5％である。そして、この児童生徒たちを対象とした特別支援教育は2007（平成19）年度から正式にスタートした。そこで、この章では通常学級に在籍する配慮が必要な子どもたちの教育整備がどのように進められてきたのか、子どもたちの支援に必要な5つの具体的システム（コーディネーター、チームアプローチ、ケース会議、個別の支援計画、巡回相談）について、ポイントを絞って説明する。文部科学省は次に示す、報告、ガイドライン、答申等によって特別支援教育の整備を進めてきた。

1．経　緯

（1）「今後の特別支援教育の在り方について」（最終報告）

　「21世紀の特殊教育の在り方について〜一人一人のニーズに応じた特別な支援の在り方について〜（最終報告）」で示された課題を検討するために、2001（平成13）年に「特別支援教育の在り方に関する調査研究協力者会議」が

設置され、2003（平成15）年3月に「今後の特別支援教育の在り方について（最終報告）」が取りまとめられた。この報告により、これまで障害の程度等に応じて特別な場で指導を行ってきた「特殊教育」から、障害のある児童・生徒等一人ひとりの教育的ニーズに応じた適切な教育的支援を行う「特別支援教育」への転換が図られた。また、特別支援教育については、従来の特殊教育の対象の障害だけでなく、LD、ADHD、高機能自閉症を含めて障害のある児童生徒の自立や社会参加に向けて、「その一人ひとりの教育的ニーズを把握して、その持てる力を高め、生活や学習上の困難を改善又は克服するために、適切な教育や指導を通じて必要な支援を行うものである」とし、そのための仕組みとして以下の3つを提言した。

① 一人ひとりのニーズを把握して、関係者・機関の連携による適切な教育的支援を効果的に行うために、個別の教育支援計画を作成すること
② 校内、または、福祉、医療等との連絡調整役、あるいは、保護者に対する学校の窓口の役割を担うものとして、特別支援教育コーディネーターを置くこと
③ 障害種にとらわれない学校設置を制度上可能にするため、盲・ろう・養護学校を特別支援学校とし、地域の特別支援教育のセンター的役割を担う学校とすること

（2）「小・中学校におけるLD（学習障害）、ADHD（注意欠陥・多動性障害）、高機能自閉症の児童生徒への教育支援体制の整備のためのガイドライン」（試案）

前述の「今後の特別支援教育の在り方について（最終報告）」の提言を受け、2004（平成16）年1月に、「小・中学校におけるLD（学習障害）、ADHD（注意欠陥・多動性障害）、高機能自閉症の児童生徒への教育支援体制の整備のためのガイドライン（試案）」を文部科学省は公表した。ガイドラインでは、各都道府県や各市町村の教育委員会や特殊教育センター等の担当者、各小・中学校の校長、特別支援教育コーディネーター、教員、専門家チームの構成員や巡回相談員、保護者や本人が参考として活用し、総合的な支援体制

の整備を進めていくための内容が示された。

また、並行して、2003（平成15）年から「特別支援教育推進体制モデル事業」「特別支援教育体制推進事業」「発達障害等支援・特別支援教育総合推進事業」が全国で展開され、LD、ADHDや高機能自閉症等のある児童生徒に対する指導のための体制整備や、特別支援教育コーディネーターの在り方、専門家による巡回相談の在り方等の実践的調査研究が行われた。

（3）「特別支援教育を推進するための制度の在り方について」（答申）

中央教育審議会が、2005（平成17）年12月8日に公表した「特別支援教育を推進するための制度の在り方について（答申）」では、特別支援教育を推進するために盲・ろう・養護学校制度の見直し、小・中学校における制度的見直し、教員免許制度の見直しについての方向性が示された。

これにより、特別支援学校のセンター的機能や特殊学級担当教員の活用をより効果的にするために、①交流及び共同学習の促進、②特殊学級担任の活用によるLD、ADHD、高機能自閉症等の児童・生徒への支援、③「通級による指導」の時間について、障害に応じて適切な指導及び必要な支援を行う観点から授業時間の標準を見直すことが挙げられた。

（4）「特別支援教育の推進について」（通知）

この通知は、2007（平成19）年4月1日に、特別支援教育をいっそう推進させることを目的として文部科学省の局長名で出された。そして、特別支援教育の理念を、「障害のある幼児児童生徒の自立や社会参加に向けた主体的な取組を支援するという視点に立ち、幼児児童生徒一人一人の教育的ニーズを把握し、その持てる力を高め、生活や学習上の困難を改善又は克服するため、適切な指導及び必要な支援を行う」とした。また、「知的な遅れのない発達障害も含めて、特別な支援を必要とする幼児児童生徒が在籍する全ての学校において実施される」とし、「我が国の現在及び将来の社会にとって重要な意味を持っている」とも述べている。

２．特別支援教育推進のための５つの具体的システム

（１）特別支援教育を推進するためのコーディネーターの役割と養成

　コーディネーターは支援に必要な人材や機関を繋ぐキーパーソンである。校内における支援チームの中心であり、教育相談の窓口、予防的かつ積極的な特別支援教育の推進、校内の研修等の企画運営等を行う。そのコーディネーターには、支援に関わるさまざまな人々がチームとして効果的に関わることができるようにケース会議という会議手法を活用することや、一人ひとりの子どもをアセスメントし、最新の理論に基づいて分析することが求められる。

　① 　コーディネーターの役割
　　・担任、保護者、児童生徒からの相談を受ける。
　　・機能に応じたチームを編成し（校内委員会、ケース会議等）、児童生徒の支援について情報の収集と共有化を図る。
　　・会議等の目的に応じた具体的な支援策を導き出す。
　　・具体的な支援の効果を把握し、必要に応じて、直接の指導者等と調整する。
　　・予防的かつ早期の適切な対応のため、校内外の資源を戦略的に結びつける。
　② 　コーディネーターに必要な能力
　　・心理教育的アセスメント（子どもの学習面、心理・社会面、進路面、健康面などの状況について、情報を収集し、発達心理学・社会心理学・認知心理学等から意味づけし、支援策を導き出すこと）ができる。
　　・子ども、保護者、教師へのカウンセリング（情緒面の苦悩の軽減、悩んでいる問題の解決、進路に関する自己決定の援助など）ができる。
　　・効果的に会議を運営することができる。
　そして、コーディネーターの養成は、教育委員会が責任を持って作成した

カリキュラムに沿って、計画的に実施されることが肝要となる。特に、次の３点に配慮したカリキュラムと研修の進め方が求められる。①研修会全般にわたり多くの会議手法を取り入れ、技法を学ぶことができるようにすること、②心理検査の理論を学び体験を通して理解を深め、心理検査の所見を読み込むことができるようにすること、③研修会の講師やチューターにさまざまな専門機関の人材を活用し、他の研修会とコラボレーションをすることにより、関係諸機関との人的ネットワークを構築させるように戦略的に仕組むことである。

（2）チームアプローチ（校内体制）

　自力では解決できない問題を抱えた子どもの支援を予防的かつ迅速に行うためには、校内委員会を校長のリーダーシップのもと、学校運営上にしっかりと位置づけ、組織的に対応していくことが求められる。

　この校内委員会（校内体制）には４つの機能が考えられる。

　① 管理職への報告

　　管理職は全校児童生徒の様子を把握していることが求められる。そのため、コーディネーター等は子どもの様子と支援内容の報告をする必要がある。そのような意味では、管理職への報告・連絡・相談が組織的に行われている学校は協働的な組織の状態にあると言える。

　② 校内の組織連携

　　特別支援教育の推進は、学校の総合力である。学習面に配慮を要する児童生徒の支援には、授業改善を推進する研究部との密な連携が必要となる。その連携において、近年では、授業のユニバーサル・デザインが注目されている。心理・社会面の課題には児童生徒指導部との協働が必要である。安心できる学校生活のためのスクールカウンセラー、スクールソーシャルワーカーとの連携がそれである。進路面・家庭面の課題で悩んでいる保護者と子どもたちには、相談が重要である。健康面の問題への対処法は養護教諭と栄養教諭が把握しており、支援をしていくための

すべての根幹である。子どもたちが自力で解決できない問題はこれらが複雑に絡み合っているため、校内の組織及び連携を明確にしていくことが求められる。

③　校外機関との連携

　課題を抱えている子どもたちは、いつも学校の限界を突きつけている。2007（平成19）年度の特別支援教育の導入と現代社会の子どもをとりまく状況は、以前から進められてきた連携より、さらに迅速で適切な社会全体のチーム支援の実践を余儀なくしている。そのためには、管理職とコーディネーターによる、外部機関との組織的な連携が重要となる。

④　学校全体の意識改革とレベルアップ

　支援を必要とする子どもを担任一人で抱えることなく、チーム支援で対応するという意識改革をしつつ、その推進をする校内組織が必要である。そこでは、研修はもちろん、教育課程全体に関わる企画も行い、学校全体の活性化に寄与することになる。

（3）ケース会議

　ケース会議は、支援を必要としている子どもへの支援を「誰が」「どんな支援を」「いつ」「どの場面で」するのかを具体的に決めることが求められている。ケース会議はメンバー全員がそれぞれの専門性を活かした支援を宣言し、役割を確認する場である。そして、ケース会議は必要な情報を収集・分析し、効果的で、具体的で、指導者の重荷にならないよう、また支援を受ける者にも負担が大きくならない具体的方策を検討する。早期のちょっとした支援で、予防・抑制的な観点から解決できるように取り組みたい。以下、神奈川県立総合教育センター（2009）によるケース会議の流れの例（図10-1）と話し合いのルール（表10-1）を示す。

　ケース会議については、すべての子どもと家庭に寄り添う一本の糸といえる。その時々の状況（以下に述べる条件レベル）に応じて、細くなったり、太くなったり、面になったりすることになる。ときに、児童生徒の支援のス

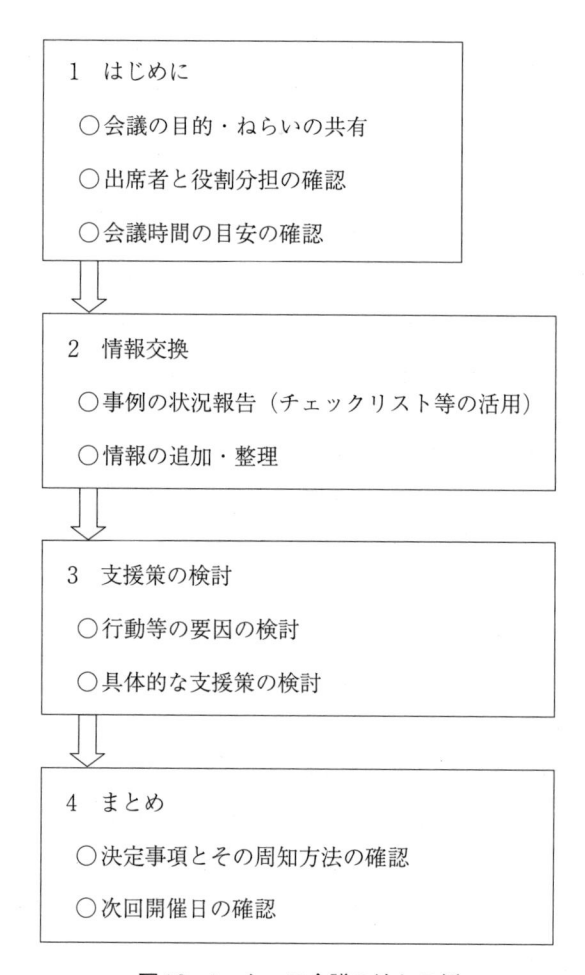

図10-1　ケース会議の流れの例
（神奈川県立総合教育センター「はじめようケース会議Q＆A」2009年３月をもとに筆者加工）

タートは、担任もしくはコーディネーターの「気がかり」から始まる場合も
ある。

① ケース会議におけるニーズレベルと緊急度レベル

　　学校心理学では、子どもに対する援助を、障害、不登校、いじめなど
　の問題で分類するのではなく、子どもが求める援助の内容、質、量の程

表10-1　話し合いのルール

○常に会議で目指すところを忘れないように
○具体的な話し合いにしましょう
○発現は短く分かりやすく
○多面的な視点から、ご意見を
○一人だけで、話さないように
○共感的に話を聞きましょう
○参加メンバーを傷つけないように

（神奈川県立総合教育センター「はじめようケース会議Q＆A」2009年3月）

度にケース会議のニーズを確認する。保護者・担任・コーディネーターによるコア援助チームを基本として、支援に関わる専門家が増えたり、ケース会議の頻度が増えたり、緊急度・危機度が高まり一気に外部が介入したりというように支援体制は変化することになる。

② 連携レベル

　ケース会議においては、常に同じメンバーが関わるのではなく、子どもの支援ニーズの優先順位により、必要な情報収集や必要な専門的支援のために、コーディネーターはチームをその都度機能的に編成する。そしてケース会議を開催し、外部も含めたネットワーク型の援助を予防的に展開するようになる。

③ 継続レベル

　ケース会議は支援の効果や状況の変化により、効果が大きく一回のケースで終わってしまう場合、なかなか上手くいかずに長期にわたってしまう場合、集中的にケース会議が必要な場合等が考えられる。早期発見、早期支援、予防的介入、危機回避が基本で、長期的な家族支援の継続が重要である。

④ 会議の進め方

　ケース会議の明確な目的を確認し、短時間で、具体的な支援策を導き出すことが求められる。ケース会議の運営にはコーディネーターの的確

な準備が大切である。例えば、情報を視覚的に共有できるシートやホワイトボード、付箋などのツールや会議手法の工夫も重要である。そして、話しやすい雰囲気作りや運営の工夫が学校におけるチーム支援の意識を高め、多面的な子どもの理解と多様な支援に繋がるように会議を進める必要がある。

⑤　保護者参加が基本

　　子どもの支援において、保護者は最も重要なキーパーソンである。「保護者には話せないから……」という教師や学校側のスタンスでは保護者の協力はなかなか得られないであろう。保護者参加を基本とすることが、子ども支援については必要である。

（4）学校における個別の指導計画（個別の支援計画）

　子どもたちにどのような支援が必要なのかを考えるとき、学校心理学で説明されている3段階の心理教育的援助サービスの考え方（石隈・田村，2004）

三次的援助サービス（特定の子どもを対象）

不登校・いじめ・LD・非行等

○集団内における個別対応、合理的配慮等

二次的援助サービス（一部の子どもを対象）

○多様な学習法略、補習、SST、ICT、合理的配慮等

一次的援助サービス（すべての子どもを対象）

○入学時のガイダンス、学習スキル、学校スタンダード、対人関係、
　ユニバーサルデザインによる授業改善等

図10-2　ケース会議の流れの例
（石隈利紀 2002『学校心理学』誠信書房、2002年。筆者により一部改変）

がある（図10‐2）。

　一次的援助サービスとは、「すべての子ども」の援助ニーズに応じるものである。入学時の学校生活への適応や、友達をつくるスキルの開発など、学級や学年の子どもが共通してもつ援助ニーズに応じるために、入学後のていねいなガイダンスや、学級での構成的グループエンカウンターなどを行う。つまり、一次的援助サービスとは、担任の先生らによる日頃の教育活動で、開発的・予防的な活動といえる。

　二次的援助サービスとは、配慮を要する「一部の子ども」のニーズに応じて、一次的援助サービスに加えられる援助である。例えば、登校しぶりが始まった子どもや友達とのことでつらい出来事が起きた子どもに対する「早期の危機対応」や、転校生など問題を抱えやすい子どもに対する「予防的な配慮」のために、学級環境の調整（例：席決めや班決め）や声かけを行うなどである。このように援助サービスは、子どもの課題や問題が大きくなって、子どもの発達が妨害・抑止されることを予防することをめざす。

　三次的援助サービスとは、特別に個別の援助を必要とする「特定の子ども」に対する援助サービスである。長期欠席中の子どもや障害のある子どもに対して個別の教育計画に基づいた援助が行われる。いわゆる援助サービスは、一次的・二次的援助サービスをも含んだ総合的な援助といえる。

　先述した段階の援助サービスの考えに基づき、支援の工夫と配慮について以下の2点が重要となる。

①　学校全体の支援についての整理、意味づけ、共通理解

　　学校には、子どもたちを支援するにふさわしい多くの実践の機会がある。「事前学習」「研究」「QU」「おたより」「生活目標」「生活アンケート」「○○タイム」「あいさつ運動」「補習プリント」「思考ツール」「視覚化」「毎時間のめあてと進め方」「ボランティア導入」「縦割り活動」「保護者○○説明会」「教員研修」「ケース会議」等がそれである。個々人の成長を願わない実践などはないため、大いに活用したい。

　　そのためには、一つひとつの実践をもっと具体的に記述し、一次から

三次という支援ニーズに分類し、位置づけ、意味づけし、再整理することが求められている。もちろん、ICT機器を活用した新しい視点での支援の導入も必要である。

② 説明責任と積極的説明

特別支援教育の推進には、計画的・組織的な取り組みが必要である。上述のように、意味づけ・整理された学校全体の具体的支援を本人・保護者と子どもを支援する人々が共有し、どのような支援が必要で、今は何が行われていて、次は何に取り組むのかを共通認識することが不可欠である。

（5）巡回相談（市町村の巡回相談と特別支援学校の地域センター機能）

特別支援学校のセンター的機能による巡回相談と市町村教育委員会の巡回相談は、市町村や学校にノウハウを蓄積させることになる。双方の巡回相談は組織に対するコンサルテーション技法を学んでいるのである。これについては、学校で孤軍奮闘しているコーディネーターの強い味方となり、コーディネーターの心の負担を軽減する可能性を持っているのである。

【引用・参考文献】

文部科学省「今後の特別支援教育の在り方について」（最終報告）2003年3月。http://www.mext.go.jp/b_menu/shingi/chousa/shotou/018/toushin/030301.htm

文部科学省「小・中学校におけるLD（学習障害）、ADHD（注意欠陥／多動性障害）、高機能自閉症の児童生徒への教育支援体制の整備のためのガイドライン」（試案）2004年1月。http://www.mext.go.jp/a_menu/shotou/tokubetu/material/1298152.htm

文部科学省「特別支援教育を推進するための制度の在り方について」（答申）2005年12月。http://www.mext.go.jp/b_menu/shingi/chukyo/chukyo0/toushin/05120801.htm

文部科学省「特別支援教育の推進について」（通知）2007年4月。http://www.mext.go.jp/b_menu/hakusho/nc/07050101.htm

神奈川県立総合教育センター「はじめようケース会議Q＆A」2009年3月

神奈川県立総合教育センター「支援を必要とする児童・生徒の教育のために」2014年3月

石隈利紀『学校心理学』誠信書房、2002年

石隈利紀・田村節子『石隈・田村式援助シートによるチーム援助入門〜学校心理学・実践編〜』図書文化社、2004年

第11章

教育実践と特別活動

　特別活動の目標は、小学校学習指導要領に次のように記されている。「望ましい集団活動を通して、心身の調和のとれた発達と個性の伸長を図り、集団の一員としてよりよい生活や人間関係を築こうとする自主的、実践的な態度を育てるとともに、自己の生き方についての考えを深め、自己を生かす能力を養う」[1]。そして、学習指導要領解説特別活動編には、目標に示した「自主的、実践的な態度を育てる」の部分については、「特別活動が目指す中心的な目標である」と記されている。そもそも、目標の冒頭に「望ましい集団活動を通して」とあることから「教育実践」なき特別活動は存在しないわけだが、この「自主的、実践的な態度を育てる」意味においてもまた、特別活動における「実践」は非常に重要な役割を果たすこととなる。

　しかし、この特別活動における「実践」は、教育課程における他の領域概念や機能概念とは異なる独自の意味を有している。それは、自分たち自身で学校における生活を作り上げていく、という「自治的活動」の過程において、民主的な資質を身に付けていくことである。その特別活動独自の「実践」における今日的な意味と今後に向けての課題を、問題性、民主性、自主性、振り返り、という観点から、特別活動における過去と現在から考えていく。

1．特別活動の教育実践における問題性

　特別活動の教育実践における問題性とは、子どもたちが生活する日常において、自分たち自身で問題を発見し解決していく点で、教科や他の領域とは問題発見・問題解決のプロセスに違う特質を有しているということにある。教科における問題発見・問題解決は、基本的には教師の手によって子どもたちに提示される。そのため、子どもたちはあらかじめ決められた枠組みの中で、「気づく」ように設定された問題を発見し、解決していくことが求められる。宮田（1966）はこれに対し、「教科学習においては、教材は客観性をもって子どもに対決しており、その意味からして教科学習の持つ問題は、常に子どもの問題に限られているものではない。あるいは、それが子どもの問題に翻訳されているとしても、社会の問題をその背後に持っているという点において単なる子どもの問題ではない」[2]と述べている。

　つまり、教科における問題はそもそも子どもたちが発見した問題ではない。また、子どもたち自身の意思で解決を求めているわけでもなければ、学級生活や学校生活において子どもたちが当面している問題で、彼らが解決を強く求めているものでもない。一方、特別活動では、自分たち自身で「よりよい生活づくり」に向けた、問題や目標を自分たちで発見し、それに向けての具体的な解決策を自分たちで見いださなければならない。そのため、特別活動における問題発見・問題解決には、あらかじめ教師の手で設定された枠組みや目標が、本質的には設定されていない。

　それゆえに、教科学習での問題発見や解決に関しては、結論をある程度仮定・想定することが可能となるが、特別活動における問題発見・解決に関しては、生活そのものが題材となるために、児童生徒個々の力で結論を見いだすことが非常に困難であり、そのため学級全体での集団としての話合いが必要となるのである。

　しかし、このことは、「特別活動が人間形成を、教科が学力を、という二

元論は通用しない」³⁾と宇留田（1981）が述べている通り、「学習指導は教科で、生活指導は特別活動で」という類の、極端な役割分離を説いているわけではない。「教科の学習に教師が力を入れると特別活動は不振に陥り、反対に、特別活動の育成に力を入れれば、学力は伸びない」という迷信が学校現場にはあると先の宇留田は述べていたが、これは30年以上経った今日でも、同様のことが言えるのではないか。特別活動が充実し、児童生徒の良好な人間関係が作られ、安心できる学校生活を送ることができるのであれば、学習に対する意欲が向上し、学力も向上するであろう。

　また、教科の学習が充実するのであれば、そこで学んだ知識やスキルを特別活動におけるさまざまな場面で活用することができ、児童生徒一人ひとりの「やりがい」や「生きがい」に繋がるであろう。このように、教科における問題性と特別活動における問題性は、決して分離して考えるものではなく、双方における教育実践が相即不離のものとして捉える必要があるのである。そうした点においては、総合的な学習の時間におけるクロス・カリキュラムもまた、同様のことが言える。

　クロス・カリキュラムは総合的な学習の時間のみで行うものと考えられがちだが、決してそのようなことはない。上記したように、児童生徒たちが自分たちの学んできたものすべてを活用しながら、「自分たち自身で生活作りをしていく」という特別活動の性質もまた、その本質はクロス・カリキュラムであると言えよう。しかし、その双方には、下記のような違いを見ることができる⁴⁾。

① 　総合的な学習の時間におけるクロス・カリキュラムは、教師がある課題に対して、意図的・計画的に定められた教科を横断的に用いるよう構成されており、子どもたちはそれに基づいて探究的に学習していく。

② 　特別活動におけるクロス・カリキュラムは、自分たちの生活の中で子どもたち自身が対峙している問題や状況に対して、学校や家庭などで自分たちが学んだことすべてを横断的に活用し、生活作りを行っていく。

　通常、総合的な学習の時間においては、子どもたちが各教科・領域で習

得・活用したものを探究していくことが求められているため、教師は各教科・領域を効果的に横断できるための課題の提示が必要となる。一方、特別活動では子どもたちが日常の中で対峙した問題や課題に対し、自分たちが学校や家庭を通じて学んできたすべての知識・スキルをその必要に応じて（横断的に）活用して、生活作りをしていくことが求められる。つまり、意図的か結果的かというところに違いはあるものの、そうした点から特別活動もまたクロス・カリキュラムであると呼ぶことができ、先の教科学習と同様に相即不離の関係を有していると言えるのである。

　このように、他の教科や領域と特別活動は密接な関係を持ちつつも、問題性という観点から「実践」の違いを見てみると、「既存の問題を与えられ、それを解決するわけではない」という点に関しては、大きな違いがあるだろう。自分たちの生活の中から自分たちで問題を発見し、その解決の術を話合い、それを実践して振り返ることによって、次の問題や目標を導き出すという、一つひとつのプロセスを紡ぐようにして「生活づくり」をしていくことこそが、特別活動の教育実践の特色と言える。それゆえに、教師の手によって子どもたちの問題を提示し、解決させるようなことがあれば、それは教科や総合的な学習の時間における問題解決学習と、何ら変わりがなくなってしまうのである。

　ある学校で、「担任の先生が考える学級の日常の諸問題は何か？」と担任に問いかけたところ、さまざまな回答があった。しかしながら、その後に「子どもたちが考える学級の日常の諸問題とは何か」と問いかけたところ、明確な回答を得ることはできなかった。つまり、その学級では、生活の中で生じる日常の諸問題が、子どもたち自身によって発見されていなかったのである。国際化が進む今日の社会情勢の中で、我が国における国民としてのアイデンティティを学校で育成していくことは非常に重要になってきており、求められる資質・能力も多様化してきている。その中でも特別活動という領域は、「自治的な活動」における「実践」によって、民主主義国家に生きる国民の育成という役割を担ってきた。そして、今後も民主主義国家に生きる

国民の資質・能力を実践的に養っていくという、非常に重要な役割を有している。「受身的」に待つ子どもが増加し、自分たちの手で生活作りができないだけでなく、それに対する興味・関心すら抱かなくなった子どもが増加してきている今日的な状況を考えてみると、学校における「自治的な活動」としての実践は、今後の民主主義国家を担う子どもたちにとって、よりいっそう必要となってくるのではないだろうか（この点に関しては改めて、次の「特別活動の教育実践における民主性」で述べることとする）。

2．特別活動の教育実践における民主性

　児島（1996）が「民主社会、市民社会の基礎・基本として、自治的能力や集団的能力を育てる場は、特別活動をおいて外にない。話し合い、人間関係、指導性、集団を動かす力といった自治的能力は、生きていく上で算数の掛け算の九九と同じように大事な基礎・基本である」5)と述べている通り、自分たちの生活を自分たちの手によって作り上げていく、「自治的活動」という教育実践によって、子どもたちは「自分たちの国は自分たちで作る」といった民主主義国家に生きる基盤となる資質・能力を身に付けていくのである。

　しかしながら、今日の学校現場においては、そうした民主主義を実践的に学べる機会が著しく減少してきてはいないだろうか。久冨（2015）はそのような危機を抱いている一人であるが、1990年代半ば以降の20年間における、学校教育の急速な新自由主義的「改革」再編によって生じた格差を「自己責任」と受け取らせる「自己責任意識」や、「学校体験の当事者性剥奪＝消費者的選択志向化」といった「消費者意識」への対抗軸として、以下の3点のような教育実践が今後よりいっそう必要になると述べている6)。

　①　授業の文化的意味の復興

　　　民主主義の学校体験への第一課題は、子どもたちの誰もがもっているに違いない「充実した授業体験」という願いに、学校・教師が授業で

真っ当に応答すること。

②　教科外活動※における文化的挑戦と集団活動

　　部活動・学校行事などには、個人的・集団的に大胆な挑戦があり、また そこには集団活動が伴い、子どもたち自身がそこに挑戦と共同・連帯 のドラマを作り出せる日本の学校において欠かせない大事な領域がある ということ。

※原文では教科外活動と記されているが、特別活動に置き換えられよう。

③　人間関係・集団関係に相互理解と対話・交流の自治・民主主義

　　自分の想い・考えが他者によって耳を傾けてもらえ、受け止めてもら えたと思える、自己承認の体験を持てること。また、他者の意見・思い を聞き、相互理解ができて人間への信頼が生まれること。さらに、その 場の不合理や不正義に関し、誰かが声を挙げ、それに応答があって対 話・交流を通じ「安心と楽しさの場になる」こと。

　しかしながら、これらの実現において、「学力テスト体制が授業を支配し、 学校行事を削減し、教師たちを多忙の中に消耗させる今日の学校状況では容 易ではない」[6] と久冨（2015）が述べるとおり、現状では民主主義を体験で きるような教育実践の時間や場が年々減少してきている。むしろ、戦後から 右肩下がりで民主主義を実践的に学ぶ機会を喪失させてきた今日の我が国に おける教育事情の中で、現代を生きる子どもたちの頭に「民主主義を生きて いる」という実感はどの程度あるのだろうか。また、今後の日本や世界の在 り方、行く末をどのように考え、イメージしている子どもたちがどの程度い るのであろうか。このようにして考えた時に、改めて今日の「当たり前にな りすぎた現状」を見直し、民主主義国家としての未来を見つめなおすときが 来ているのではないだろうか。

　そもそも、戦後の教育改革の中における学校教育では、「民主主義社会の 組織や制度を学校に取り入れ、児童生徒をして早くから民主主義社会の仕組 みに親しませよう」[7] とした。また、「自分たちの問題を自分たちの力で考え 解決する自治的な生活習慣を身につけさせる」[7] ためのさまざまな取り組み

や実践によって、「民主主義的な組織や制度への習熟と自治的な生活習慣の形成とは、共々に相俟って民主主義を日本に根付かせるはずであった」[7]。

　しかしながら、北岡（2008）によると、1958年の学習指導要領の改訂で、民主的という表記が一切用いられなくなったことや、学校が計画し行う学校行事により、子どもたちの自治的活動の場が喪失したと指摘している。加えて、学校における民主主義的な組織や制度は、子どもたち自らの手で学校や学級を運営していこうとするための、「自治の精神」を失った単なる「教員・学校側による間接的な誘導や管理の手段」となってしまったと述べている。柴田（1996）は、リンカーンの言葉を用いて、日本の民主主義は「for the people で把握されることが多く、by the people で把握することが非常に弱い」[8] ため、「自ら民主主義を作り出す」という意識が脆弱になっているという問題点を挙げている。現状において、言うなれば「for the students」という観点は、「学校は自分たちのために」という「消費者意識」へと変わり、その影響もあって「by the students」という観点もまた、「学校体験の当事者性剥奪＝消費者的選択志向化」の煽りを受け、形骸化への道を辿り続けている。

　先述の北岡（2015）は、1958年の学習指導要領の改訂を契機とした「自治精神の喪失」によって、特別活動は教師、学校の下請け的な管理的活動を強めたとしている。しかし、軍事国家からの脱却という国家的な民主主義化を図った戦後と現代では、「民主的」という言葉の持つ重みは大きく変化しており、学校に戦後同様の民主的な自治精神を取り戻すことは、無理難題と言わざるをえないであろう。これは、決して民主的な自治精神の育成が無意味だと述べているのではなく、民主主義国家に生きていながらも民主主義精神の薄れてきた今日の日本においては、民主主義とは何かという根本的な指導を、学級や学校規模で改めて行わなければならないという現状を迎えているということである。そうした意味においても、民主主義を実践的に学ぶことができる特別活動の実践は、今後よりいっそう重要視していかなければならない点であると言えよう。

3．特別活動の教育実践における自主性

　特別活動の教育実践における自主性・自発性に関しては、「自治的活動の範囲拡大」という観点が大きく関連してくる。子どもたちの発達段階上、民主主義の原点とも言える「自由と責任」における責任を全面的に負うことができない以上、学校における子どもたちの活動に完全なる自治活動はあり得ない。それゆえに、特別活動においては「自治的活動」と表現するわけだが、教師の教育的意図としての「適切な指導」によって、その「責任」や「義務」を身に付けていくのである。しかしながら、その一方で今日の特別活動における教育実践においては、明らかに自治的活動の範囲が狭まってきており、その結果として「自主性」が十分に育まれない現状があるのではないだろうか。例えば、学級会における議題においては席替えや係や委員の役割分担、その他ではお楽しみ会の実施に関することなどに留まってしまい、それ以上の自治的活動が思いつかないような現状に陥っているのである。

　宇留田（1976）は、約40年前にすでにこうした子どもたちの自治範囲の狭さに対し、次のように言及している。それは、遠足のバスの中の過ごし方を題材として用いる話合いを例としている。「遠足の目的地や日時を決めたりする話合いを行うことは、妥当でもないし望ましいことでもない。（中略）問題は、学校として、また担任教師として決めることの範囲である。たとえば、遠足の往復のバスの中でレクリエーションをしたいという希望を子どもが出してはいけないのか」[3]。これは、バスの中でみんながレクリエーションをしてもよい、という教師の指導の下において話合いが行われているという指摘であり、一見すると子どもたちに自由が与えられているようであっても、所詮それは教師の許可のもとで行われているにすぎない、ということである。そうした限られた狭い枠組みで行われる話合いや実践が継続的に行われてきた結果として、次のような状況を引き起こしているとされている。

　①　「学級のために」という大義名分や、「全員で仲良くやるためには」と

いう規範に個が埋没し、自分の意見を主張したり相手の意見を受け容れ
たりする必然性を著しく低下させる。

② 集団決定そのものが、子どもたちにとってこだわりのないものとなる。

③ 「話し合う必然性」が子どもたちにとって明確でないため、そもそも
仲間と対立するような環境が生じない。

④ 対立が生じないように、「空気を読む」「流れに身を任せる」といった
受け身的な関わりを助長させる。

⑤ 「方法論を模索する話合い」が多く、子どもたちにとっては「話合い
のための話合い」という目的の無い空虚な話合いになりやすい。

⑥ 形式的な方法論を模索する話合いから導き出された形式的な実践は、
「点」として終始することになり、年間を通じて「線」として物語的に
プロセスが紡がれることがない。

このようにして、学級活動をはじめとする特別活動における「自主的な自
治的活動」という教育実践を活性化させていくためには、もう一度子どもた
ちの「自治的活動の範囲」を見直す必要性がある。そして、もう一方で目的
意識を明確にした話合いや実践を、一連のプロセスの中で確立していくため
の手立てを構築しなければならないであろう。

4．特別活動の教育実践における振り返り

今後、子どもたちが「自主的」に自治的活動を実践していくためには、活
動のプロセスを生み出すための「振り返り活動」が、その解決策として重要
な役割を果たすことになろう。近年では学級の仲を深めていくために、学級
全体で遊ぶだけでなく、PA（プロジェクトアドベンチャー）や構成的グルー
プ・エンカウンター等を用いたりすることも多くなっており、ただ遊んだり
活動したりするだけで終わるのではなく、「振り返り」の重要性も十分に認識
されてきている。しかし、その重要性は理解しているものの、時間の都合上な

かなかその振り返りの時間を確保できないことや、ただ単に感想を述べ合ったり、自身や仲間の良かった点を伝え合ったりすることだけに終始してしまい、次の活動に有機的に結びついていない場合が多く見受けられる。そこで、次の振り返りの３つのステップを、早い段階で習得できるようにしたい[9]。

《ステップ１》「目に見えること」と「目に見えないこと」のシェア

　①　何が起こっていたか、自分や仲間が何をしていたか、どんな表情だったか、という「目に見えること」

　②　自分や仲間が、何を思っていたか、考えていたか、どんな雰囲気だったか、という「目に見えないこと」

　現状の学級における振り返りの多くは、①の「目に見えること」における「何が起こっていたか」を伝え合うだけで終わってしまうことが多い。それが悪いわけではないのだが、それ以上に大切になるのは、②の「目に見えないこと」に関する振り返りなのである。これらのシェアに関しては、活動中に仲間に目を向けなければならないので、慣れるまでは非常に難しい上に、意識しなければ欠如しやすい。そのため、これらの活動を定着化させていくためには、初めのうちは「目に見えること」と「目に見えないこと」の双方を付箋等に書き、それをカテゴリーしたりしながら意図的に視覚化していく、といったような工夫が必要になるであろう。

《ステップ２》意味付けの作業と願望を導き出す

　先の「目に見えること」と「目に見えないこと」のシェアで得た情報によって、その遊びや活動が自分にとって「どんな意味があったのか」という意味付けを行うことや、「だからどうしたいのか」という願望を生じさせることである。それによって、先の「目に見えること」と「目に見えないこと」のシェアで得た情報から、次に向けての目標や願望を具体化していくことができる。

《ステップ３》次に向けての具体的な方法と行動及び目標の設定

　意味付けと願望を導き出すことによって得たことに対して、それを実現させるための具体的な方法や行動目標を考えていくことである。個人や集団の

「こうなりたい」という願望に対して具体的な方法や行動の計画を立てたり、具体的な行動目標を立てたりすることによって、次の遊びや活動に変化を生じさせることができる。

　以上の3つのステップを「実践」と結び付け、これらをしっかりと循環させ、年間を通じて何重にもスパイラルアップさせていくことによって、子どもたちは仲間と共に、自分たちの掲げた目標に対する達成感を味わうことの喜びを知っていくことができるようになるのである。また、こうした振り返りと実践のステップを通じて、以下のような指導を心がけていきたい[10]。

①　自分や仲間に目を向けるための指導

　　「目に見えること」と「目に見えないこと」の振り返りを通じて、自分や仲間が何をしていて、どのような思いや考えを持ったかについて目を向けること。

②　気付くための指導

　　「目に見えること」と「目に見えないこと」の振り返りを通じて、自分や自分たちの良さや課題に気付けるようにすること。

③　目標を持つための指導

　　振り返りによって気付いたことから、自分や自分たちの目標や願望を生じさせること。

④　実践化していくための指導

　　自分や自分たちで掲げた目標や願望を達成するために、自分たちでそのための実践を生み出させること（一生懸命になれる活動）。また、そのために自分たちで話し合うこと。

⑤　自信を持つための指導

　　実践を通じての達成感や、仲間との振り返りを通じて、自分や自分たちに自信を持たせられるようにすること。

⑥　集団の一員としての自覚を持てるための指導

　　実践による「みんなでできた」という達成感や他者からのフィードバックなどを通じて、一人ひとりの子どもたちが、学級に「自分の居場

　所がある」と思えるようにしていくこと。

　こうした振り返りの充実によって、特別活動における教育実践が持つ意味合いを子どもたち自身が実感することができ、話合い活動と実践を、一連のプロセスの中で確立していくことができるようになるのである。また、振り返りを通じて自分や自分たちの理解を深めることによって、自分や自分たちの願望を導き出す術を実践的に身に付けることは、やがて自分たちの地域・国をどうしたいのか、という願望を導き出していくための重要な基盤となってくるのである。こうした意味においても、やはり特別活動における振り返りの充実は、今後さらに求められるだろう。

　これまで述べてきたように、特別活動における教育実践は、未来の民主主義国家としての我が国を支えていくための根幹となる実践である。しかし、戦後教育から今日に至るまでの間に、社会や世界の情勢は目まぐるしく変化してきているが、特別活動における実践方法や内容に関する変化は、そのスピードに対応しきれてこなかったのかもしれない。本章において、その「実践」における今日的な意味と今後に向けての課題を、問題性、民主性、自主性、振り返り、という4つの観点から述べてきたが、その解決はいずれも非常に困難が多いものである。しかし、未来の民主主義国家としての我が国を考えたとき、これらの課題は決して避けられるものではなく、これらの解決なくして民主主義国家としての発展は考えられないであろう。そうした意味において、特別活動における教育実践は、まさに正念場を迎えていると言っても過言ではない。

【注】

1）文部科学省『小学校学習指導要領解説　特別活動編』東洋館出版社、2008年。
2）宮田丈夫『学級経営の現代化』明治図書出版、1966年。
3）宇留田敬一『特別活動論』明治図書、1981年。
4）川本和孝「つながりで充実するクロス・カリキュラム」『教育時評』No.28、学校教育研究所、2012年。
5）児島邦宏『学校新時代・特別活動の理論』明治図書、1996年。

6）久冨善之「日本の学校と子供たちの学校体験」『教育』No.834、かもがわ出版、2015年。

7）北岡宏章「特別活動と自治能力の育成について―石橋勝次の実践と思想の考察を通じて―」『四天王寺国際仏教大学紀要』第42号、四天王寺国際仏教大学、2006年。

8）柴田義松『新・教育原理』有斐閣双書、1996年。

9）川本和孝「仲良しグループの輪を学級全体に広げていくために」『児童心理』金子書房、2015年。

10）井上裕吉「『教え方』より集団指導観の重要性」『特別活動研究』No.214、明治図書、1985年。

第12章

教育実践と学級経営

1. 学級経営は何をめざすか

(1) 学級経営とは

学校現場で複数の学級で授業を行ったり参観したりすると、同じ学習範囲であっても、学級によって「違い」を感じることがある。その違いは、学級の雰囲気や空気感のような全体レベルのものもあれば、児童生徒の授業への参加の姿勢や教師の投げかけに対する反応などの個人レベルのものもある。そして結果として、授業の進度や内容理解の深まり、授業のやりやすさなど、さまざまな点に「違い」が顕著になってくる。

児童生徒は一人ひとりの性格や学力などに違いがあり、学級はそれぞれに異なる児童生徒の集合体である。そのような学級は、学級開きから時間が経過していくと、「○○先生のクラスらしさ」が出てくる傾向にある。構成する成員が違っても同様の傾向が表れることは、児童生徒と日常的な関わりを持って指導に当たる学級担任がもたらす影響力の大きさを裏づけるものである。

学級は児童生徒にとって「生活の場」であり、「学びの場」である。さら

には、「学校における居場所」ともなり得るなど、複数の側面を持っている。そのような学級経営をすることは、「教室の環境を整備し、学級の子ども集団を教育目的の実現に向けて効果的に取り扱う教師の仕事」とされる[1]。教室の環境整備をすることは学級担任の重要な職務であり、児童生徒への指導のみならず、備品の管理や清掃状況まで、生活と学びの舞台となる教室という空間をいかにプロデュースするか、学級担任の意識の高さと細やかさが求められる。

たとえ掲示物ひとつであっても、何をどこにどのように貼るかを学級担任は考える。例えば、児童生徒の目につくところに学級目標などのメッセージ性のある掲示物を貼ることは、日常的に児童生徒が目にすることによって意識や行動の変容を期待したものである。このような掲示物がまっすぐ貼られていることだけでも、学級担任が丁寧に学級に関わっている意識を感じ取ることができる。このような一つひとつの環境整備の積み重ねが、空間としての学級を形成していき、結果として、教室に足を一歩踏み入れた際に感じられる、その学級独特の雰囲気の醸成につながっていく。

（2）学級経営のめざす方向性

学級は、「○年○組○○学級」として独立性のある存在であると同時に、学校を構成するひとつのクラスでもある。そのため、学校全体で達成をめざす「学校教育目標」を共有することが不可欠である。特に私立学校であれば、「建学の精神」などに見られるその学校の教育理念に対する理解も求められる。

そのうえで、担当学年で到達が期待される「学年経営目標」のもとに、児童生徒の実態を踏まえて、伸長が期待される資質能力等を具体化した「学級経営目標」が策定される。学級経営は、学級担任の創意工夫に依拠する部分も多いが、学校や学年といった全体への歩調の配慮が求められている。

学級におけるこのような諸活動は特別活動に位置づけられている。中学校学習指導要領では、「学級活動を通して、望ましい人間関係を形成し、集団の一員として学級や学校におけるよりよい生活づくりに参画し、諸問題を解

決しようとする自主的、実践的な態度や健全な生活態度を育てる」とされている[2]。学級経営は学級担任の主導で進められるが、当然ながら留意すべきは、児童生徒の成長の場となるような学級をめざすことである。

　昨今の児童生徒は「人間関係」の構築が得意でない場合も少なくなく、そのような児童生徒が孤立しないように、本人に参加を促すとともに、周囲の援助を仰ぎながら参加しやすい環境づくりに注力することが求められる。あわせて、「自主的、実践的な態度」を育むことも求められ、学級担任の言うことをよく聞く受け身な「よい子」を育てることが目的ではなく、自分たちの学級をよりよいものにしていこうとする主体性や協調性を涵養していく必要がある。

　学級経営はあらゆる機会を捉えて進められていく。朝の会であれば、健康観察を通して1日の学校生活の始まりにおける児童生徒の状態の把握に努めることになる。学級活動（高校ではホームルーム活動）であれば、学級の課題などについての話し合いを重ね、全体の合意形成をめざす機会となる。さらに、日々の取り組みを通して構築された関係性は、授業場面にも影響をもたらしていく。集団教育の場である学校教育では、個々の児童生徒の学びの姿勢に加えて、学級の成員がいかなる意識を共有して学習に取り組むのか、「学びの集団づくり」も重要である。そこで、本章では、学級経営を支える理論や方法を概観したうえで、特に児童生徒の関係性がいかに授業実践につながっていくかを総合的な学習の時間における実践から説明する。

2．学級経営を支える理論と方法

（1）学級経営に関する理論研究

　学級経営の進め方は、学級担任が目の前の児童生徒の実態を踏まえて、ともに作り上げていくという現実的側面に立脚して決定される。そのため、学級経営に関する研究としては、学校での指導場面に立脚した実証的研究が注

目される。例えば、宇留田（1991）は学級活動に着目し、学校現場での実践を追いながら、その指導において児童生徒の自主性の尊重が重要となることを明らかにしている[3]。近年の研究では、児童生徒の自律的な取り組みがなされる学級経営の在り方について、蘭（2016）が現場教員への聞き取りをもとに分析を行い、児童生徒にリーダーシップを取らせるように移行していくことの効果に言及している[4]。

　また、学級経営は社会的要請や時代状況などの外的要因の影響を受けることも少なくない。学級経営に関する理論研究としては、歴史的変遷の中で学級集団に期待される役割の変化を追うことや、その中でいかに学級集団が形成・発展していくのかを明らかにする取り組みがなされてきた（稲越 他, 1991）[5]。近年の研究でも、笹屋（2017）は「問題行動」の捉え方の変遷を追うことで、問題行動は制止されるべきものという否定的評価から、学級や児童生徒の成長の機会として捉える肯定的評価へと変化していることに言及している[6]。

　以上のような理論的アプローチは決して観念的なものではなく、学級の実態を見つめ、期待される役割や果たすべき機能などを具体的に明らかにしようとする点に共通性がある。一方で、学校現場の多忙性などから、導入しやすい方法や教材などが教師に切望される傾向があり、以下の（2）〜（4）のような方法論的アプローチも肯定的に受け止められている。

（2）カルテを活用した学級経営

　学級経営の基本は児童生徒との日常的な関わりであるが、それぞれの様子には日々変化があり、日常的な「観察」に基づくその子のイメージとのズレに対する学級担任の「気づき」が重要となる。観察があるからこそ、その子のわずかな変化への気づきが生まれる。そして、学級担任はさらなる観察を続けながら、「どうしたの？」「何かあったの？」といった声がけをして反応を見るのである。

　そのような観察や気づきは、日常の多忙感の中で散逸していくことが少な

くない。備忘録としても有効な方法が「カルテ」作成である。中学校や高校であれば進路も含めて定期的な個人面談がなされ、生徒の生活状況や進路志望などを書き込むことで、時系列の中での変化も見取ることができる。

　また小中学校での授業実践を中心に、「座席表カルテ」が用いられることも多い。学級の座席表に記入スペースを設け、授業者に加えて、他の教師や外部の専門家などの観察者が、授業中の児童生徒の発言や活動の様子などを記入していく。星野（1995）によれば「カルテは、子どもの言動の事実や子どもの思いを想像した記録（まるごととらえたその子）をつなげて、教師が子ども理解をはかり、できるだけ深くその子を知り、対応に生かしていこうとする試みの一部である」としている[7]。

　しかしながら、授業内で授業者がすべての児童生徒の発言や活動を記述することは困難である。学級全体を広く捉えることを心がけつつ、授業の展開や発展のカギとなった発言を拾ったり、設定した抽出児に注目したりすることが現実的である。観察者の協力を仰いだり、提出されたノートやワークシートなどの記述から読み取ったりすることで、授業中の児童生徒の活動の様子を補足していく必要がある。このような一連の取り組みによって、集団教育の中で個を意識し、その変容を見取ることができると考えられる。

（3）構成的グループエンカウンターを活用した学級経営

　学級経営において腐心する点に人間関係づくりがある。教師と児童生徒との関係、児童生徒同士の関係をいかに深めることができるかは、学級経営の成否にも関わる。そのために、学校現場では構成的グループエンカウンター（Structured Group Encounter、以下SGE）の手法が多く用いられている。SGEは、「各種の課題（エクササイズ）を遂行しながら，心とこころのふれあいを深め，自己の成長をはかろうとするグループ体験」とされる（國分，1990）[8]。また、諸富・齊藤（2002）は「子どものこころと人間関係を育てる方法」と位置づけ[9]、自己肯定感と人間関係の力を育てることをねらいとしている。

　児童生徒の中には、自己肯定感の低さに起因して「自分はこの程度」のように決めつける者もおり、進路形成などに少なからず影響を及ぼすことがある。また、人間関係を形成する力が弱いために周囲から孤立したり、自己中心的な行動が目立つようになったりする者もいる。学級担任は、どのような児童生徒も見放すことなく、全員を学級に巻き込みながら学級経営を進めていくことになる。そのために、児童生徒がさまざまに関わり参加できるような機会を意図的に設け、学級内の人間関係を強め、学級に居場所をつくることができるよう支援していく。そして、形成された関係性をもとに自身を見つめ直すことで、自分が必要とされる存在であることを認識し、自分自身への期待を高めていくことをねらいとしている。

　児童生徒同士の関係づくりは本来自主的なものであり、教師が介入すべきではないと考えることもできる。しかし、学校は集団教育の場であり、多様な児童生徒の集合体であるという現実に立脚するものである。そのためSGEの手法は、関係づくりのきっかけを提供する一つの手法として位置づけられる。

（4）Q-Uを活用した学級経営

　学級経営は教師による児童生徒への理解が前提となるが、理解のための取り組みは教師自身の経験則に基づくことが多く、結果として児童生徒の実態とのズレが生じることもありうる。このような児童生徒及び学級の状況を把握するための調査方法として、Q-U（Questionnaire-Utilities）が広く活用されている。学級満足度尺度（いごこちのよいクラスにするためのアンケート）と学校生活意欲尺度（やる気のあるクラスをつくるためのアンケート）で構成されており、河村（2010）によれば、前者の調査結果から「ルール」と「リレーション」が確立された「満足型集団」では、高い集中力で「子どもたち同士が自ら協調的に学び合える雰囲気」があることが指摘されている[10]。対人関係や集団活動・生活に関する「ルール」や、本音での感情交流を指す「リレーション」という尺度は、いずれも学級担任が重要性を実感するものである。

　このような調査は、あくまでも児童生徒の回答に基づく調査結果ゆえ、児童生徒の置かれた状況や教師との関係性、調査時の気分などによって回答が変化する可能性も否定できない。しかしながら、学級担任ひとりに任されがちな学級経営の実態について、質問紙による客観性の高いデータに基づいて学級の傾向を知ることで、学級経営の進め方の参考にしたいと考える学級担任も少なくない。結果的に学級内の課題の把握や早期対応につながりうることから、学校現場にはメリットが大きいと考えられる。

3．学級経営と授業実践に関する事例
―― 総合的な学習の時間に注目して ――

（1）学級経営と授業実践

　各教科・領域には、それぞれ取り上げるべき内容やその構成、授業の進め方の方法論など固有性がある。それら個々の教科の授業を成立させるためには、学びの場としての学級の成立が前提となる。

　新学習指導要領で重視される「主体的・対話的で深い学び」においても、学級経営が果たす役割は大きい。主体的学習では、児童生徒の学習意欲の喚起及び持続が求められ、対話的学習では児童生徒の発言が受け止められることが大前提となる。そのため、学級担任による学級の風土づくりとして、どのような発言であってもまずはその発言を受け止め、お互いの発言を否定しない雰囲気が求められる。聞いてもらえる安心感があってこそ、児童生徒は積極的に発言できるようになる。深い学びでは、学びを深めていく持続的な学習支援が必要となるが、その前提にあるのは児童生徒への理解であり、それぞれの学びの見取りである。

　学級経営と授業づくりの関係性については、「緊密化」と「弛緩化」とにより整理されることがある。前者は「担任教師の裁量と教育責任を重視して、教師主導の授業づくりが行われる」ことで、後者は「ほかの教師や他学級と

の交流を積極的に進め、同僚や仲間の力量・特技などを借りながら授業内容を豊かにしようとする」ものである[11]。前者は、学級担任が「自分のクラス」として、自負を持って取り組むことによる長所がある反面、学級の閉鎖性につながり、「学級王国」化しかねない危険性もある。後者は、学級担任が学級経営の明確なビジョンを持ち、ほかの教師と連携していく力量が問われる。特に中学校・高校においては、学級担任が担当しない教科について、担当教師にただ一任するのではなく、学級の様子や学習の状況などを共有し、懸念する事柄があれば、学級担任も必要な対応を行うことが求められる。

（2）学級経営と総合的な学習の時間の関連性

　学級経営と授業実践とのつながりを考えるため、ここでは、主に緊密化が表れる総合的な学習の時間に着目する。総合的な学習の時間の目標は、高等学校学習指導要領で「横断的・総合的な学習や探究的な学習を通して、自ら課題を見付け、自ら学び、自ら考え、主体的に判断し、よりよく問題を解決する資質や能力を育成するとともに、学び方やものの考え方を身に付け、問題の解決や探究活動に主体的、創造的、協同的に取り組む態度を育て、自己の在り方生き方を考えることができるようにする」とされている[12]。そして、地域や児童生徒などの実態に基づいて、学校ごとに目標設定がなされたうえで、各学年の実践内容が決定される。

　総合的な学習の時間は基本的に学級担任が担当しており、日常的な児童生徒との関係性をもとに学びを構成していくことになる。特に児童生徒が「主体的、創造的、協同的に取り組む」ためには、個人レベルでの学習に対する意識や姿勢に加えて、学びの集団としての学級全体の雰囲気も重要となる。さらに、総合的な学習の時間では児童生徒による作業や話し合いなど協同的な作業が多いことから、児童生徒同士の関係性がもたらす影響も少なくない。

　ここでは、具体的な授業場面として「ジョハリの窓」の実践を取り上げる。高校1年総合的な学習の時間の学年テーマを「いまの私（コミュニケーションと自己理解）」とし、特に1学期は関係づくりに関わる内容を扱っていた。

入学からまだ時間が経たない中で、自分と他者との違いを認め合うような人間関係の形成を支援することをねらいとした。

（3）授業実践にもたらす人間関係の影響

　「ジョハリの窓」は、アメリカの心理学者ジョセフ・ルフト（Joseph Luft）とハリ・インガム（Harry Ingham）が発表したモデルであり、他者とのコミュニケーションをもとに自己理解を深めていく教材として活用されている。

　総合的な学習の時間では協同的な学習の場面とするため、段階的に思考と話し合いを重ねていくことができるようにワークシート（資料12-1）を開発し、後掲する資料12-2のような手順で取り組ませた[13]。

	自分は知っている	自分は知らない
他人は 知っている	A：「開かれた窓」	B：「気づかない窓」
他人は 知らない	C：「隠された窓」	D：「閉ざされた窓」

資料12-1　「ジョハリの窓」ワークシートの一部

　本教材の特長は、他者とのコミュニケーションを促しながら、自己認識の深化につながる点である。Bは他者からの指摘により既知となってAに組み込まれていく。現段階では語ることができないCも、将来的な開示によりAに組み込まれていく可能性がある。このように、自己開示できるAの拡大（自身の成長・変化）を視覚的に捉えることができる。また、記入されることのない（できない）Dは未知の領域であり、今後のさらなる成長の余地を

【ワーク①：自分ってどんな人？　①】

　個人作業で「私は○○な人」に当てはまる性格とその理由を考えさせる。例えば「負けず嫌い」という自己認識と「友達とすぐ口論になる」といった経験が記される。

【ワーク②：みんなはどんな人？】

　4名1グループとし、自分以外の3名についてワーク①と同様に「○○な人」とその理由（具体例）を記入させる。記入後にグループ内で直接伝え合うことを事前に告知しておく。

【ワーク③：友達が考える「私」とは？】

　グループでそれぞれが考える相手のイメージを伝え合う。「誰から」「どんな人と言われたか」「なぜそう思うと言われたか」をワークシートに記入する。

【ワーク④：自分ってどんな人？　②】

　ここまでの作業を整理して、上記の「ジョハリの窓」を各自完成させていく。ワーク③で聞き取った内容のうち、自分もそう思う指摘をA、思ったことがない指摘をBに記入する。また、ワーク①から、周囲もそう思っていると考えるものをA、そう思っていないと考えるものをCに記入する。さらに、みんなからよく言われる事柄をA、「実は自分は」という事柄をCに追加してもよい。

資料12-2　「ジョハリの窓」学習の手順

示唆している。

　なお、自分自身を掘り下げる活動には配慮も必要である。実践の際には「言いたくないことは言わなくてよい」「発表を無理強いしない」「他者の意見を否定しない」ことを約束事とした。これらは発言しやすい雰囲気、聞く姿勢や態度をつくっていくうえで重要であり、特に自分自身に関する発言を求める場合には不可欠である。また、ワークシートでの作業は、発言することには得手不得手があるため、いったん自分の考えを整理する機会を設けることで、不得手な生徒も発言しやすいようにしている。このように、生徒が授

業に参加できるような工夫や配慮も必要となる。

　以上のような学びの振り返りとして、生徒の感想を紹介する。

　　　みんな、私のことをちゃんと見てくれて嬉しかったです。他の人は自分が
　　思っているのとは違うことをいわれたと言っていましたが、私はみんなが思っ
　　ている通りの人間でした。何か単純な人間だと思ったけど、『裏表のない性格っ
　　てことじゃん』と言われて嬉しかったです。私はこれからも基本的に性格は変
　　わらずに生きていくと思います。時々こんな性格いやだなあと思うけど、今日
　　この話し合いをして、私は私らしくていいんだと分かったので、この性格と上
　　手につきあっていきたいです。

　「裏表のない性格ってことじゃん」という発言は、この生徒が受け止めて
くれるという信頼関係とともに、その場における発言が許容されているから
こそなされている。そして、この生徒は発言を受けて、自分の性格をより肯
定的に受け止めている様子がうかがえる。このようにして、生徒同士の関係
性や場面づくりによって生徒の気づきが感想として引き出されたと考えられ
る。

　以上より、学級経営に基づく人間関係と、総合的な学習の時間の学びが結
びつくことは、自己理解の深化と自己肯定感の向上を促すと言える。

4．まとめにかえて

　教師が学級担任として児童生徒を預かるということは、児童生徒と最も近
い立場から学校生活をともにすることで、その成長に寄り添うことができる
醍醐味がある。児童生徒と向き合い、話に耳を傾け、日々の関わりを重ねて
いくことで、関係性は厚みを増して信頼関係の構築へと至る[14]。

　一方で、学校現場の多忙化と児童生徒の多様化が進む現状では、学級担任
が自身の学級に十分に目を向け、児童生徒一人ひとりとじっくり関わること

が困難になっている。結果として、経験年数が浅い教員のみならずベテラン教員でも、「学級崩壊」が生じるなどのリスクを抱えながら学級経営に当たることになる。

　前出の「緊密化」と「弛緩化」の視点は、学級担任のリーダーシップとともに、学校現場における協同性や同僚性の重要性にもつながるものである。学級経営の負担を学級担任ひとりに負わせるのではなく、学年や学校全体で支えていく体制づくりも不可欠である。また、責任感が強く真面目な学級担任ほど自分ひとりですべてを背負おうとすることが少なくない。諸富（2013）が指摘するように、周囲との情報共有や相談を通じて、困難な場合には「援助希求」を行うことができるような心構えや体制づくりも不可欠である[15]。

　近年では、中央教育審議会答申で「チーム学校」としての取り組みの重要性が指摘されており、「個々の教員が個別に教育活動に取り組むのではなく、校長のリーダーシップの下、学校のマネジメントを強化し、組織として教育活動に取り組む体制を創り上げるとともに、必要な指導体制を整備することが必要である。その上で、生徒指導や特別支援教育等を充実していくために、学校や教員が心理や福祉等の専門家（専門スタッフ）や専門機関と連携・分担する体制を整備し、学校の機能を強化していくこと」を示している[16]。学級経営の支援につながる体制づくりが順調に進めば、学級担任には従来以上に人と人とをつなぐ役割が期待されることになるものの、自分ひとりで責任を背負う負担感は軽減する可能性がある。

　しかしながら、学級経営を主に担うのはあくまで学級担任であり、日々の関係づくりと児童生徒への理解の深化が重要であることは変わらない。そして、経験則だけに走ることなく、理論と実践を往還させていく中で、創意工夫を重ねていくことが期待される。そのような学級経営の努力が児童生徒に伝わり、より主体的で協同的な授業実践にもつながっていく。学級経営の基盤は人間関係にあり、教師と児童生徒との関係性、児童生徒同士の関係性を深めていくことが必要である。そして、そのためには日々の観察や声がけなどの積み重ねが重要となる。

【注】

1）平原春好・寺﨑昌男編集代表『新版教育小事典（第3版)』学陽書房、2011年。

2）文部科学省『中学校学習指導要領 特別活動編』ぎょうせい、2015年、p.25。

3）宇留田敬一『学級活動の理論と展開』明治図書、1991年。

4）蘭千壽「創発学級を導く学級経営の方法の開発」『千葉大学教育学部研究紀要』第64巻、2016年、pp.265-273。

5）例えば、稲越孝雄ほか編著『学級集団の理論と実践』福村出版、1991年。

6）笹屋孝允「学級経営研究における問題行動のとらえ方の歴史的変遷」『三重大学教育学部研究紀要』第68巻、2017年、pp.211-219。

7）星野恵美子『カルテ・座席表で子どもが見えてくる』明治図書、1995年、p.10。

8）國分康孝編『カウンセリング辞典』誠信書房、1990年。

9）諸富祥彦・齊藤優編著『エンカウンターで道徳中学校編』明治図書、2002年、p.14。

10）河村茂雄『授業づくりのゼロ段階—Q-U式授業づくり入門—』図書文化社、2010年、pp.10～17。

11）日本教育方法学会編『現代教育方法事典』図書文化社、2004年。

12）文部科学省『高等学校学習指導要領解説 総合的な学習の時間編』海文堂出版、2009年、p.9。

13）実践の全体像などは別稿を参照のこと。小松伸之「社会科授業で実現する！『生き方』を探究する学習—高校における総合的な学習の時間との連携を中心に—」『社会科教育』第691号、明治図書、2016年11月、pp.24-29。

14）学級経営の具体的な手立てについては別稿を参照のこと。小松伸之「学級経営のあり方について」原田恵理子・森山賢一編著『自己成長を目指す教職実践演習テキスト』北樹出版、2014年、pp.74-78。

15）諸富祥彦『教師の資質』朝日新書、2013年、pp.82-83。

16）中央教育審議会答申『チームとしての学校の在り方と今後の改善方策について』2015（平成27）年12月21日、p.3。

教育実践学会創立20周年特別企画座談会

●日時：平成27年9月3日㈭ 17時～20時
●場所：ホテルレイクビュー水戸

話者：
　高久　清吉
　　　（筑波大学名誉教授・茨城大学名誉教授・教育実践学会初代会長）
　菊池龍三郎（茨城大学名誉教授・教育実践学会第二代会長）
　天笠　茂（千葉大学教授・教育実践学会理事）
　森山　賢一（玉川大学大学院教授・教育実践学会会長）

司会：工藤　亘（玉川大学准教授・教育実践学会理事・事務局長）

森山：本日はお忙しい中お越し頂きまして有り難うございました。本日は、学会設立20周年を記念として「これまでの教育実践学会を振り返りながら、今後の教育実践学会の在り方、今後の我が国の学校教育、教育実践学に関する展望」について、初代学会長高久先生、二代目学会長である菊池先生、そして設立の早期から理事としてご尽力頂いている天笠先生にお集まり頂き「教育実践学会のこれまでとこれから」という観点でいろいろなご意見を頂きたいと思います。

　本学会は、現職の学校の先生方や教育委員会の方々、スクールカウン

セラーや大学教員とさまざまな職を持つ学会員が所属し、大会や研修会を運営しています。設立当初から20年が経過し、時代の流れとともに学会も大きな節目を迎えるため、今後の展望を導いていただく機会にしたいと思っております。先生方のご助言を私共の糧としたいと思っておりますので、どうぞよろしくお願い致します。

工藤：まずは、初代学会長の高久先生から当学会設立当初の目的などをお話しして頂きたいと思います。

高久：この教育実践学会の創設の意図は、私が定年退職後の平成4年に、新しく茨城県教育研修センターが発足し、その初代の所長に就任して4年間その仕事を続け、教育の理論と実践との結び付きを深めていく、高めていく、あるいは強めていくといった教員研修の充実を図ったことにさかのぼります。任期が終わる平成7年、行政から影響を受けない教育研修の新しい展開をめざし、「茨城教育実践学会」をスタートさせました。後にこの "茨城" をとって教育実践学会になります。そのねらいは、「教育の理論と実践との結び付き、あるいはその支え合いの関係を深め、深化の徹底を図ること」でありました。当時は特に、実践者の組織の場合に学会という名称を使っていなかったのですが、その学会に相応しく教育理論の研究者と実践に携わる実践者の両者から成り立つ研究組織ということをめざし、スタートしました。

工藤：研究者と実践者との協働や融合をめざすということで、当初から天笠先生や菊池先生も関わっていらっしゃったということですね。

天笠：そうですね。当時、研究者と実践者が一緒になるのは今より珍しく、実践者は実践者、研究者は研究者として研究や教育をしていました。しかし、一緒にということが必要だという課題がようやく認識されたような状態だったと思います。その当時の1990年代半ばは、生活科や総合的な学習の時間の発足など、それらに類するようなカリキュラムの開発がされた時です。当時の学会は、実践者は実践者としての立場で実践を発表し、それに対して研究者は研究者の立場からコメントすることが一つ

の柱としてあり、その他にも教育現場のさまざまな実践の発表に対して、お互いにコメントを加えることをしていたと思います。

菊池：20年前は、教育委員会といった行政が主導して、指導主事などが講師を務める研修が多く、重要な役割を果たしてきました。一方で、何かもうひとつ違った研修をというニーズも先生方は持っていたようです。その背景の一つに、1990年代の生活科、総合的な学習の時間などのねらいをどう達成するかという、新しいテーマや課題が出てきて、それにどう対処するかという時に、従来の研修だけでは難しいという思いが先生の中で強くなったのではないかと思っています。

　従来の研修よりももう少し多面的なアプローチが必要で、その役割は研究者が果たすべきだとお考えになったのだろうと思います。さらに私は、現場の先生方の間に自分の教育実践を向上させたい、あるいは理論的に位置付けたい、理論的な裏付けが欲しいなどの新しい関心が強まっていったと思っています。特に高久先生や天笠先生などは、大学におられながらもさまざまな研修の機会に現場の先生方と触れることが多かったため、そうした先生方の新たな研修ニーズを感じ取り、我々大学人がその役割を果たすためにも具体的に行動を起こす必要があるとお考えになって、おそらくこの学会の設立を思い立たれたのだろうと推察しています。

　当時は理論と実践の結び付きや関わりへの関心が高まっており、特に、自分の実践を理論的に位置付けてみたいという関心が現場の中で強まっていたと思います。むしろ現在の方がそういう意欲は低下している気さえしています。高久先生は、そのニーズをキャッチして行動を始めたということで、時代的にも非常に意味があったという気がします。

天笠：当時のさまざまな学会はどちらかと言うと研修者主導でした。もちろんその中には、現職の先生も会員としていらっしゃった事実があり、その間で理論と実践だったのかもしれません。どちらかというと研究者主導のための理論と実践という研究であって、むしろ、この教育実践学会

というのは、ある意味まさに実践を研究するという実践者としての存在がいいですね。例えば、総合とか生活科について自分たちの実践を互いに見直そうとすると、実践のフィールドだけだとやはり足りない部分があります。そういう意味において、実践者が自分の実践を発表し、それについて研究者とやり取りするフィールドにこの教育実践学会としての意味があります。その中心が、茨城県の先生方からスタートしたというところではないでしょうか。

高久：現実問題として、数の割合から言えば実践者の方が多いです。研究者は多数ではないのですが、とにかく両者が研究組織を作り上げるということの「ねらい」は、貫いてきたなと痛感します。先述したように理論と実践との結び付きを深める、あるいは徹底する「ねらい」で出発した訳ですが、今、改めてこの学会の関係者に私が望むのは、初心に返り、理論と実践との結び付きを深めるというのはどういうことなのか、教育の理論と実践との結び付きの徹底というのはどういうことなのか、この根本問題を再確認することが必要だと考えています。少し突っ込んで言うと、必ずしも誰もがはっきりわかっているとは言えない、自明とは言えないのではないでしょうか。

　教育の実践と理論の結び付きにメスを入れるために、私が特にアプローチの中心としてみたのは、教員の「実践的指導力」という言葉です。実践的指導力。この言葉は特にこの30年来、教員の養成や研修のキーワードとなっています。今の教職大学院もこの実践的指導力が、やはりキーワードではないかと思います。ところが、この実践的指導力も案外、わかっていなくて、はっきりしていないのではないか。そこで、教育の「実践的指導力」も少し突っ込んで吟味して考える必要があるのではないかと思います。

工藤：「実践的指導力」についてさらに高久先生にお話をうかがいたいのですが。

高久：ご承知の通り、昭和61年4月に臨時教育審議会の第二次答申で「教員

の資質向上」の項があるのですが、そこで繰り返し、実践的指導力という言葉が使われていました。例えば、大学の教員養成では、実践的指導力の基礎の修得、それから、現職研修では、実践的指導力の向上。もちろん、初任者研修でもこの実践的指導力の向上が取り上げられます。このようにキーワードとして何かわかりきったことのようにして使われているけれども、実践的指導力とは何かということを改めて吟味すると、案外はっきりしないのではないか。この実践的指導力の向上とか基礎の修得というものをどのように進めていくのか、何をポイントとして押さえていくか。普通は、授業や児童生徒指導などの方法・技術の習熟によって発揮される指導力というように理解されているのではないでしょうか。だから、この力の向上をめざすとなれば、実務に従事・参加すると臨教審の答申でも言っているのです。

　しかし、この重要なキーワードについて、この程度の常識的な理解でいいのでしょうか。もっと立ち入った理解や意味付けが必要なのではないでしょうか。

工藤：「実践的指導力」の理解や意味づけについてもう少しお話しください。

高久：この実践的指導力という意味を深く考えるようになったきっかけは、哲学者のカントです。カントがいみじくも実践的（「praktisch」の意味付けをしています。有名な『判断力批判』という著書の中で、カントは「実践的」を２つの意味に分けています。一つは、「technisch praktisch（技術的・実践的）」。物を扱う上で実践的とし、目的達成のための熟練が問題であり、そういった熟練に基づいて自然や物を扱うという意味での「実践的」。もう一つは、「moralisch praktisch（道徳的・実践的）」。自由や自律が眼目となる、人間を扱うのに相応しい「実践的」で、人間を扱う意味での「実践的」。

　こういう点から現在の「実践的指導力」の「実践的」というのは、いったいカントの言う「実践的」とどう結び付くのか、どう関係するのか。そこから、この問題を掘り下げていくと、実践的指導力については

吹っ切れた感じがしました。つまり、実践的指導力のこの「実践的」は、カントの言う「道徳的・実践的」であるべきではないのかと私なりに結論を出した訳です。

工藤：「実践的指導力」はカントの「道徳的・実践的」と結び付いたのですね。

高久：物を扱うというのではなく、あくまでも人間を扱う「実践的」である。そこで、この実践的指導力について私は著書の『教育実践学』の前書きの中で、実践的指導力を方法・技術の習熟から生まれる指導力と狭く解釈せず、もっと広く主体的な、自由で自律的な理解や判断に基づいた実践から生まれる指導力、そのように解釈することと記しました。したがって、実践的指導力の向上は、ただ実地指導や実務に従事・参加させることによって期待されるのではなく、同時に、いやそれ以上に実践者自身の主体的な理解や判断や決定を助長する働きかけや方向付けによって期待されるべきだとまとめました。つまり、実務的な方法技術の習熟に傾き過ぎるのは間違いではないか、教職大学院における教員養成である以上は特に、実践的指導力という意味を問い直すことによって、理論と実践との結び付きを深めるとか、高めるという問題にメスを入れていくことになるのではないかと考えます。

工藤：実践的指導力という意味を問い直すことや理論と実践との結び付きを深める必要性が重要ということですね。

天笠：やはり本学会が今何を課題とするべきなのか、あるいは、現状とこの先を見てどうすべきなのかという議論を焦点化することが重要です。実践家も理論と実践ではなく、まさに実践である実務How toといったスキル、そういう世界を希求するというのでしょうか。そのような気質、意識、傾向性をもっている人が多くを占めている印象が強いです。学会発表でも研究者が問いかけず、自らの実践をなぜ発表するのかということ自体がわからないような感じになってきているところがないでしょうか。

森山：天笠先生のご指摘の件については、感じるところがあります。大学院
　　　で学ぶ感覚として自分の実践を磨くという考え方は共通して変わらない
　　　のですが、理論的に振り返って学んでいこうというところは変わってき
　　　ています。天笠先生のお話通り、現場の先生方は理論と実践に関心がな
　　　くなってきている傾向にあり、教職大学院の理論の科目は現実的にやは
　　　り人気がありません。技術的な科目は、非常に人気が高いのですが。本
　　　来ならば、教職の「修士」として、学部の「１種」の免許以上の専門職
　　　の大学院で教職を学ぶのですが、おそらくこの点は上手く一致していな
　　　い可能性があるのかもしれません。先生方のニーズが広く、実践の力を
　　　身に付けたいという感覚は、今の小中高の実態などに影響を受けている
　　　のかもしれませんね。個人的な問題というより、むしろそういう傾向に
　　　なっているというように痛烈に感じます。実際に大学院で科目を担当す
　　　る中で感じていることですので、これまでの話の通り、やはり「理論と
　　　実践の結び付き」を再認識する必要があると思います。再認識というよ
　　　りも、今までのところを我々もきちんと理論的に整理することが必要で
　　　すね。教育の理論と実践の結び付きということを我々自身が系統化する、
　　　あるいはきちんとそれを明確に示していかなければならないのですが、
　　　なかなかこれを打開するのは難しいとは思いますが。

菊池：先ほど高久先生がカントを用いて「技術的・実践的」、それから「道
　　　徳的・実践的」ということをおっしゃいましたが、その２つの言葉は
　　　まったく無関係ではなく、「技術的・実践的」な段階から入り、やがて
　　　「道徳的・実践的」という段階にまで高まっていく、あるいは、そこに
　　　向かっていくというものではないかと考えています。例えば、日本の古
　　　典芸能論などでは、学び方の心構えとして、「型から入って型を出でよ」
　　　といわれています。新採用の教員のみなさん、それから教員養成大学に
　　　在籍中の学生さんにとっての関心事は、やはり「型」ですよね。「型」
　　　を学ぶこと、それにはある水準に達した人のやっていることを何でも真
　　　似ることから始める、最初はそれでよいわけです。高久先生がカントを

引き合いにおっしゃった「実践的・技術的」というのは、見当外れかもしれないけれども、そういうことではないかと思うのです。

　しかし、現場で中堅として頑張っている先生方などは、そこの段階で終わってしまっては困るわけです。言い換えれば、そこから抜け出せないというか、自分たちが満足する段階から抜け出せないのでは困るのです。極端なことを言うようですが、先生方は先生方で実践のサークルだけでまとまっていて、研究者などに対しても自分たちに役立ちそうな内容とか、自分にわかりやすい内容さえあれば十分で、それ以外はあまり必要がないというような理解が強かったのではないでしょうか。つまり、「技術的・実践的」という「型」の段階だけで終わっていて、その実践の段階から、人間の成長・発達に関わる教師という職業に求められる、より高い「道徳的・実践的」な段階に抜け出せない場合が少なくないのではないかと思います。その理由の一つには、長らく大学の教員をしていた自分たちの力のなさや責任感の希薄さというところもあったかと思います。教育現場の先生方の教育実践を研究面でしっかりサポートしようとする責任感と意欲が必ずしも十分ではなかったという気がするのです。

　そこで、研究者が現場に入って先生方の「型に入って型を出づ」というプロセスの手伝いをするのです。例えば、一通りの授業実践ができるようになり自信をつけ、特に研修の必要など感じていない状態から、いったい、自分の実践とは何だろう、どういう意味があるのか、自分の実践のもとになっている考え方とは何だろうかなど、いろいろな疑問をもつようになることで自分の実践を見つめ直すようになる。すると、これまでとは違った人たちの話を聞いたり、あまり触れたことのない分野の書物を読んだりする機会ができ、なるほどそうなのかと、これまでの自分の理解を突き抜けることができるようになる。そういった質的な転換を体験するのだと思うのです。それが高久先生のおっしゃった「道徳的・実践的」という意味ではないかという気がします。これまで自分が信じ満足していた実践的・技術的段階の型を抜け出る、つまり技術からもっ

と自由になるというか、言い換えれば、技術を完全に使いこなした後に到達する段階、技術から自由になる段階が「技術的・道徳的」というところではないかと。そういう状態への成長を現場の先生方と大学の研究者が協働する。そういう意味でも学会の意義と役割があるのではないかと思います。

天笠：視点が少し変わりますが、授業研究あるいは校内研究、研修という点において世界的にみれば、日本の授業研究は優れているという評価があります。改めて、現場で行われている授業研究を振り返ると、どちらかというと授業方法論への関心とそれに対するやり取りに多くの時間が割かれ、教材研究がなされず、この国の授業研究は非常に貧困な状況になっていないかと危惧しています。時間がない等の理由はともかく、授業研究はそういうものだと現場が捉えてきている傾向になってきているため、大きな問題点の一つと言えると考えます。そういう意味ではもう一度、教材を研究するという「授業研究」をすべきなのではないでしょうか。あるいは、現状から新たな方法ややり方を含めて問いかける、検討していく、作り出していくというフィールドの創設やそういうことを考えてもらうというようにしてはどうでしょうか。しかし、なかなかそのような考えや発想は出ない先生方が多く、やはり先ほどのカントの言うところにつながっていくようなことがあるのではないでしょうか。

森山：現実的には、そういう視点が考えられるのですね。

天笠：ですから、「この授業は何で必要なのか」「なぜこの教材で子どもたちに伝える必要があるのか」といった素朴な問いでいいと思います。その問いがすっぽり抜け落ちているのに、グループ学習はどうかとか、あるいは提示された仕方がどうか、という話になりがちなので。授業方法の研究者もこの点をどのように指摘しているのでしょうか……。授業研究をする人は、自分の世界を先生方と一緒につくり、そこから出ずにむしろ関係をつくることに重きを置かれているようにも感じます。だからこそ、この教育実践学会は、提起していく役割、課題があるのではないか

と思います。

森山：まさに目的よりも方法論の方ばかりにいっている感じがします。例えば、研究者でも方法論を押し付け、そのような形でやればこれが上手くいきますよというような傾向の授業研究というのが少なくありません。天笠先生がおっしゃったように、独特の教材研究をして教員の味が出るような授業はなかなかお目にかかれません。いろんな事例を見ても同じように見え、上手くいっています。子どもたちの関係が良く円滑で楽しい授業で、人間関係が非常に上手くいったという授業研究が非常に多いです。しかし、教材研究の点からは、教員独自に一生懸命に掘り下げたというのがなくなってきたのではないかと思われます。

　近頃、私も指導主事訪問の時に同席させていただく機会があります。そうすると、それ用の授業研究を出してくるのです。そうではなく、研究者と実践者が主体となって理論と実践の往還を考えていくことが重要だと思いますので、本学会が何かできないかということを考えのであれば、実践的な指導力の一つの現実的な意味として突破口にはなりうるのではないかと思いました。

菊池：私は現在、ある団体の教育論文審査の仕事をしていますが、全体として授業の中身へのこだわりが薄い、つまり授業研究が不足しているのではないかと感じています。こう教えたら子どもたちがとても楽しんだとか喜んだとか、そこで終わってしまい授業が完結してしまう傾向です。引用文献を見ても、授業内容についてどのような参考文献に当たったか、探してみて関連するものを読んでみたとか、ネットでいろいろと検索してみてやっと探し当て、手に入れて目を通してみたとか、そういった研究プロセスの苦労の跡が見えない、苦労された記録が少ないように思います。言い換えれば、それは研究へのこだわり以前に、教えることへのこだわりが希薄になっていることの表れではないかという気がするのです。教える形や型への関心はとても高いけれども、ある種のノウハウ志向がやはり強い感じがします。その段階で終わっていて、これを大学の

研究者と一緒にどう打ち破っていくかということもこの学会の大事な課題であると思っています。

工藤：現場の先生方が目の前にある課題だけを解決したい、そのためにHow toを欲している傾向にある一方、教員養成において現場に送り出したその先を考えて、教材研究の大切さ伝えられているのかと思いました。同時に、本学会の課題や実践的指導力の必要性、教職に就いてからも探究し、実践と理論を往還していく必要性を痛感しました。

森山：高久先生がおっしゃった1961年の答申の中で、実践的指導力の基礎の修得は養成段階にあるとしますが、実践的指導力の向上は現職の研修にもあるというこの部分の関わりですよね。

菊池：カントを用いておっしゃった実践的指導力という言葉が、いつになっても浅いというか、通り一遍の意味でしか捉えられていないように感じられます。この基本をもっと深い意味で捉えていけるように、学会みんなで努力していく必要があると改めて思いますね。

天笠：そういう意味では実践者には、まさに理論というのは実践する上で、かえって煩わしいのではないでしょうか。要するに、この学級での授業が成り立てば良く、成り立たないことで先生方は苦労しているのではないでしょうか。そういう日々の中では、理論というのは何か非常にある意味、煩わしいというか。それこそ、自らの実践の拠りどころとか、やっていることへの適切さ不適切さとか、あるいは、判断や評価をするための一つの指標とかで務めると、そういうものの一塊というのが、一応整理されていくと理論となっていくのだと思うのですが。そういう意味において、理論は必須のもので、思考を深めていくという思考様式をもたないと、と考えます。

　私は、「考える、考えさせる教師」という、考えるプロセスとか志向といったものが抜けた、あるいは弱くなっているから、今のような話の部分になると思っていますので、そこはある意味で言うと取り戻すという方が適切にも感じます。だからこそ、教育における理論の位置付けの意

味や意義を再確認するというのは、この学会の大きな役割だと思います。

森山：そうですね。そういう考え方に基づけば、すべてがすべて厳しい状況であるとも言えない状況にあると思います。ある程度の実践をしていた、あるいは実践を経験する現職の先生の中で、今こそこれは大事だと理解する方もいます。現職研修や免許更新講習で、私は、高久先生のおっしゃるWhatとHowの結び付きを現職研修の教職への省察という担当で話をしています。8割以上の現職の教員は、「学べて良かった」と感想を述べ、省察することで、「私はこのHowばかりを求めていたけれど、Whatがある程度、理解されないと本当の意味のHowはやっぱり出てきませんよね」と、WhatとHowの結び付きに気付くようです。教育活動を振り返って、場面をイメージして思い出すと、「そこが抜けていたことで次が後手にまわるってことが結構あったのでないか」と。

　これは無心に頑張る駆け出しの頃と違い、20年目の方が免許更新講習を受けているので、それなりの経験をした現職教員の方だからこそ、実践に対する、あるいは理論を伴う実践ということの理解や結び付きは大きなポイントになるのではないかと思います。

菊池：高久先生は大学の教員と現場の先生たちが出会う場ということの大切さに気付かれて、この学会を設立なさいました。私はその意義がますます大きくなっていると思っています。例えば今、森山会長がおっしゃった更新講習で大学に来る現場の先生で私の知っている教え子が、「先生、卒業後20年経ってみて、こんなに大学の授業って面白いのかとはじめて思いました」と感激しているのです。何が良かったと思うかと聞いたら、「自分が毎日やっていることにはこんなに意味があり、裏付けとなる理論があると気付かされる」と答えました。教師を20年やって大学の授業で改めて理論を聞き直すと、「ああ、そういうことか、もっと知りたくなった」と言っているのです。私はやはり、大学の研究者と現場の実践家が一緒になって学会という形でやっていくというのは、とても意味があり、その意義は今なお、色褪せていないと思っています。

高久：先ほど話題にしたのですが、教育研修センターに4年間いて、一番印象に残っているのは、現職者、特に研修センターでは長期研修生と言いますが、現場から選ばれた30代後半から40、50代の先生方を相手に、ゼミのように講義をしたのが、とても楽しかったです。なぜかというと、「Howを掘り下げるためにはWhatを押さえなくてはならず、どのようにしてという方法をしっかり導き出すためには、何かということをはっきりわかっていなければならない。そして逆に何かがわからないままにそれを如何に進めることができるのか。Whatに支えられないHowは意味がない」という森山先生の話とも関係します。そういうことについては、現職の教員の先生方の中には身に染みてわかっているというのをこれまでにも多く経験してきました。だから、私の講義もそういう現職者を相手にというのを、80代の中頃まで続けました。先ほどから話題になっているように、実践者の中には、目先だけの取り扱いや形だけにとらわれやすいことも言えるかもしれないけれども、実践を重ねているだけにそれを掘り下げ、もう一度レベルを変えて他のもっと深い観点から問題にするということが、学生とは違って、さらに身に染みると思われるのです。だから私は結局、実践的指導力を話題にしたのも、遡って理論と実践の結び付きということを話題にしたのも、Howを方向付けし、支えるWhatを明らかにしなくてはいけないのではないかと自論に基づいているからです。

　元に戻しますが、現場の実践に真剣に取り組んでいる、特にこういう学会の会員である現職者は、かえってそのWhatへの追究は、より鋭くなるのではないでしょうか。楽天的な見方かもしれないけれども、そういう思いは私自身の現職研修をいろいろな形で続ける中で身に染みていることなのです。そういう意味で如何に目先だけに振り回されずに物事を突っ込んで掘り下げて考える余裕が、今の現職者には、なかなかないとも言いきれず、かえって、そういう中にあるからこそ、より問題を突っ込んで考えようという凄さもあるように思います。だから、この教

育実践学会は、そういう先生方や教育現場を如何にして刺激するか、あるいは方向付けるかというような役割ももって欲しいと思います。

工藤：教育実践学会にはそのような思いや役割があったのですね。

高久：私は80年教育に関わってきていますが、最初の10年は、教育を受ける被教育者の体験です。昭和10年代半ばから20年にかけての10代は、日本軍国主義の時代で、その頃に師範学校の教育を受けました。だから、いわゆる軍国主義とか連帯主義とか言われるその教育をまともに受けています。それから後の70年は教育する実践、あるいは理論研究に携わる体験で、合わせて80年を超える教育体験となります。この80年を踏まえていろいろ考えるところがあります。例えば、教育委員会の最近の改正、あるいは道徳の教科の特別の教科化という問題にしても随分論議される中、今、教育実践学会の会員に私なりに伝えたいことがいくつかあるのです。

　その一つは、「変化」です。私は極端な教育の変化について身を以て味わい、大変な変化の80年であったのですが、見方を変えてみると物凄い変化の中でも、基本的には少しも変わっていないのではないかということにもまた気付かされます。自分の体験を通してみると、昭和61年の臨教審の答申で有名になった「不易と流行」という言葉は、私自身の体験を通して裏付けることができます。もの凄い変化の中で実は、変わらないものもあり、これをどのように自分で受け止めて捉えていくかが大事だと思います。

　例えば、全国学力調査が話題になっていますが、100年以上前からある、形式陶冶と実質陶冶というドイツの教育学と全国学力調査や今の学力の捉え方は結び付いています。学ぶ方法や能力や態度を身につけることが大事という形式陶冶と、学ぶ内容を修得することが大事という実質陶冶は、ドイツ教育では、100年以上前から一貫して問われ続けている根本問題です。つまり、時代を超えて変わらないものは何か。そして、それが今どう変わっていくのか。先ほど述べた臨教審の答申で言えば、

　　不易と流行の統一ということは、研究的に実践に携わろうとする者に
　　とってはとても大事なのではないかと改めて思います。

工藤：教育の不易と流行の統一は、高久先生の体験やお考えを裏付けていた
　　のですね。

高久：そうですね。そしてもう一つが近頃、よく言われているアクティブ・
　　ラーニングです。しかし、このアクティブ・ラーニングは、日本だけで
　　なく世界的にみても、20世紀初めの頃の新教育運動のキーワードといえ
　　るでしょう。能動性、自己活動、自発性はもちろん、アクティブ・ラー
　　ニングを問題にするならば、今の教育にどのように生かすのか。今に応
　　じて、能動性、自発性、活動性をどう活かすのか。新しい取り組みにな
　　るのでしょうけれども、しかし、根本問題は、これも日本では、70年、
　　80年前にはもうグループ学習、問題解決学習、自発学習は行っていたと
　　いうことです。私自身の長い教育体験から今、教育の実践研究に取り組
　　むとすれば、そういう現実の動きと同時に昔からずっと積み重ねられて
　　いるいろいろな所産があるということを問題に取り上げていくことが必
　　要だと思われます。

　　　そういう意味で、先ほど言った「不易と流行」の統一という言葉が、
　　私は改めて身に染みます。もう少し底の深い、どっしり土台のあるそう
　　いう実践への取り組み、それが教育実践学会というものに所属して、教
　　育を考える者の押さえどころではないかと思っています。これは、今の
　　会員へのあるいは、これからの会員の在り方への僕の希望でもあります。

森山：有り難うございます。本日は、先生方から本当にいろいろと貴重なご
　　意見やお話を頂けて本当に有難いと思っています。学会の方向としては
　　やはり、教育の理論と実践の結び付きとは何かということを、再度、元
　　に戻って確認していこうということになるかと思いました。それから、
　　実践的指導力ということについても、もう少し明確な方向性を我々が導
　　き出していく必要があるのではないか。そして、それに関わって私から
　　一点申し上げると、教育実践とはどうあるべきかという根本を掘り下げ

ないことには、やはり実践的指導力が本当の意味では出てこないのではないかという気持ちをもちました。最後に、「不易と流行」で、「古き問題の新しい解決を探る」という言葉を再認識致しました。これは、本学会の今後の在るべき姿として、しっかりと受け止めていきたいと思います。

工藤：当学会設立の経緯から今後の課題までそれぞれのお立場からお話を頂きました。今後も先生方のご尽力を頂きながら、教育実践学会を発展させていきたいと思います。本日は、お忙しいところ本当に有り難うございました。

（写真）後列左から工藤先生、森山先生
前列左から菊池先生、高久先生、天笠先生

お わ り に

　教育実践学会の設立から20年が経ち、この間、急速な情報社会へと時代は移り変わりました。学校教育現場の様相は大きな変遷のうねりの中、さまざまな課題や問題、新たな取り組みが求められるようになり、実践ではますます理論が重要となり、理論と実践の往還が大切になってきています。

　このような背景の中、教育実践学会が果たす役割として『教育実践学―実践を支える理論―』と題する本書が、学会設立20周年を記念して企画されました。学校教育の変革期である今、執筆者にはそれぞれの専門の立場から、教育実践をキーワードに、ポイントを押さえて理論をわかりやすく説明し、これからの教育実践に役立つようにご執筆いただいています。執筆者らによる協働があってこそたどり着いた本書は、学校教育に関係する研究者、学校の先生方、教壇に立つことを目指す教職課程の学生、教育委員会をはじめ、学校教育に携わり教育実践に関心をもっていらっしゃる方々に手に取って読んでいただき、これからの教育実践についてのより深い理解に至るイメージが浮かぶよう、そして実践のための基礎・基本となるように執筆されています。本書が、教育実践のための知見やヒントとなって、実践に活かすきっかけになれば、この上ないよろこびです。そしてさらに、児童生徒の成長と深い学びと理解、それを支える学級運営と学校教育を保障する改革への第一歩となれば幸いです。

　最後に、本書は企画されてからかなりの年数が経ってようやく刊行に至りました。これもひとえに、常に的確なご助言とご尽力をしてくださり、さらには粘り強く支え励ましてくださった大学教育出版の中島美代子さんのおかげです。心より感謝申し上げます。

　平成29年7月

原田恵理子

執筆者紹介 （執筆順）

森山　賢一（もりやま　けんいち）
玉川大学大学院教育学研究科　教授
博士（人間科学）
専門領域：教育内容・方法学、教師教
　　　　　育学
担当：第1章、第2章、第3章5〜8、
　　　第7章1，2

滝沢　和彦（たきざわ　かずひこ）
大正大学人間学部　教授
教育学修士
専門領域：教育思想、教師教育
担当：第3章1〜4

田子　　健（たご　たけし）
東京薬科大学生命科学部　教授
教育学修士
専門領域：教育計画論、教員養成論
担当：第4章

天笠　　茂（あまがさ　しげる）
千葉大学　特任教授
教育学修士
専門領域：学校経営学、カリキュラム・
　　　　　マネジメント
担当：第5章

安井　一郎（やすい　いちろう）
獨協大学国際教養学部　教授
教育学修士
専門領域：教育課程、特別活動
担当：第6章

工藤　　亘（くどう　わたる）
玉川大学教育学部　准教授
修士（教育学）
専門領域：学校教育学、学校教育心理学
担当：第7章3〜6

山口　豊一（やまぐち　とよかず）
聖徳大学心理・福祉学部　教授
博士（カウンセリング科学）
専門領域：学校心理学、学校臨床心理学、
　　　　　学校カウンセリング
担当：第8章

原田　恵理子（はらだ　えりこ）
東京情報大学総合情報学部　准教授
博士（心理学）
専門領域：発達臨床心理学、学校臨床
　　　　　心理学、学校心理学
担当：第9章

安藤　正紀（あんどう　まさき）
玉川大学教職大学院　教授
教育学修士（障害児教育専攻）
専門領域：特別支援教育、障害児の認
　　　　　知発達と運動発達、ムーブ
　　　　　メント教育、学校心理学
担当：第10章

川本　和孝（かわもと　かずたか）
玉川大学TAPセンター　准教授
Master of Science
修士（教育学）
専門領域：特別活動
担当：第11章

小松　伸之（こまつ　のぶゆき）
清和大学法学部　准教授
修士（教育学）
専門領域：社会科教育、総合的な学習、
　　　　　教師教育
担当：第12章

教育実践学 ――実践を支える理論――

2017年12月10日　初版第1刷発行

■編　　　者―― 教育実践学会
■発 行 者―― 佐藤　守
■発 行 所―― 株式会社 大学教育出版
　　　　　　　〒700-0953　岡山市南区西市855-4
　　　　　　　電話(086)244-1268(代)　FAX(086)246-0294
■Ｄ Ｔ Ｐ―― 難波田見子
■印刷製本―― モリモト印刷(株)

ISBN978-4-86429-472-0